Jean-Charles COLIN

Une Enfance d'après-guerre,
Récit

La mémoire, ce n'est pas le retour du passé, c'est la représentation de soi qui va chercher dans les traces du passé quelques images et quelques mots.

Boris Cyrulnik
(De chair et d'âme,
Editions Odile Jacob,
Septembre 2006)

1

Le cri

Naître d'un cri

Mon histoire commence par un cri, un cri de désespoir. Non pas celui que j'ai poussé, comme tout un chacun, en sortant du ventre de ma mère et dont hélas je n'ai pas souvenir mais celui qui m'a réveillé en sursaut, au plein milieu d'une nuit, en 1945 ou 1946, alors que la guerre venait de se terminer.

« Tue-moi, papa, tue-moi ! » hurle cette nuit-là ma demi-sœur, la petite Solange. Probablement vient-elle de rentrer, à une heure avancée de la nuit, d'une fête ou d'un bal populaire quelconque, du côté de la Bastille. Peut-être même de la rue de Lappe qui, dans les années 1945/46, alors que l'Occupation allemande vient tout juste de prendre fin, n'est pas encore un piège à touristes ou provinciaux en goguette mais un centre de plaisirs populaires à la réputation sulfureuse (bals, accordéon, alcool et drague à volonté, sans parler du reste). Sans doute mon père vient-il de flanquer à la petite Solange (vingt ou vingt-et-un ans, tout de même !) une de ces claques violentes et non contrôlées, très rares mais toujours mémorables pour la victime, et que de loin en loin j'expérimenterai moi-même un peu plus tard... Peut-être mais pas sûr : en hurlant peut-être espère-t-elle au contraire l'éviter cette claque qui peut faire vraiment très mal... Car elle est déjà un peu encline à jouer la comédie, Solange, à faire de grandes scènes qui marqueront l'histoire familiale.

Comment savoir ce qui s'est vraiment passé ce soir-là ? Après tout, et en se plaçant du point de vue de l'époque, elle l'avait peut-être bien méritée, cette claque, (si claque il y eut...) car Solange n'avait pas froid aux yeux et je l'imagine capable de se mettre en danger elle-même, par naïveté ou par sottise, sans bien mesurer les risques : dans l'immédiat après-guerre, Paris est une ville encore peu sûre, où l'on vole et assassine beaucoup. Et puis dans ce monde petit-bourgeois des années 1940, dans ce monde incompréhensible pour ceux qui ne l'ont pas connu, découcher, -ou coucher tout simplement- pour une jeune femme célibataire, tout juste majeure à vingt ans, ça n'est pas vivre sa vie mais commettre une lourde faute aux conséquences incalculables, -ou plutôt, selon les bonnes âmes de l'époque, tragiquement prévisibles : grossesse non désirée, pauvreté, déchéance sociale... Ce qu'il en fut réellement ce jour-là pour ma jeune demi-sœur, tandis que moi je me retournais dans mon petit lit, nous ne le saurons jamais : tous les protagonistes, y compris Solange elle-même, sont, hélas, morts depuis longtemps.

Une histoire... parmi d'autres

Au moment d'entreprendre mon histoire, je suis conscient de n'être pas en terrain très solide. D'ailleurs, dans les lignes que je viens d'écrire, que de « peut-être » déjà, alors que je commence à peine (et je pourrais en ajouter encore quelques autres...). Oui, que de « peut-être » pour un cri, un seul cri, dont le souvenir n'a probablement survécu dans aucune autre mémoire que la mienne ! Mais regardons les choses en face : évoquer un petit événement récent avec un minimum d'honnêteté suppose déjà beaucoup de prudentes circonlocutions ! Alors qu'on ne s'étonne pas si, dans ma petite histoire à moi -déjà d'un autre temps-, les « peut-être », les « probablement » et les « sans doute » surgissent irrésistiblement et en continu. Parce que ma mémoire me joue des tours... Et aussi parce qu'une partie non négligeable de ce récit, forcément tronqué, ne repose, on le verra, que sur des bribes d'informations recueillies de façon aléatoire de la bouche de plusieurs proches, tous disparus... Des proches dont l'histoire se confond d'ailleurs avec la mienne... Les quelques rares documents (photos, cartes postales...) que j'ai utilisés ici et là n'apportent guère plus de certitudes...

Quand je parle d'une histoire de mon enfance, il ne s'agit donc, bien sûr, que d'un récit parmi tous ceux, innombrables, susceptibles d'être tirés de... De quoi au fait ? Disons : d'un passé encore vivant ou survivant dans la mémoire des hommes ou femmes de ma génération et du milieu où j'ai vécu... Mais je n'y peux rien : comme n'importe quelle autre, ma mémoire est très sélective. Et en ce qui me concerne, il se trouve que je retiens en priorité les choses négatives, les catastrophes intimes, les petites et grandes humiliations, bref les blessures de mon ego. Mes souvenirs ne sont guère qu'un archipel de cicatrices, de coutures mal refermées... Qu'y puis-je ? J'espère au moins que ce travers, si c'en est un, -ce dont sur le plan de l'équilibre personnel, je ne doute pas- préservera mon histoire d'une nostalgie de mauvais goût, d'une niaise re-création du passé...

Si elle contribue aussi, quelquefois, à fausser gravement mon récit, j'en demande humblement pardon.

Mais par ailleurs soyons sérieux : je ne vais quand même pas tout raconter !...

Un essai de datation…

Déterminer mon âge exact au moment du cri sororal est un peu difficile car cet événement n'eut sans doute d'importance que pour moi : je suppose d'ailleurs qu'il y eut à la même époque d'autres spectaculaires engueulades familiales et d'autres cris tout aussi dramatiques.

Je pense qu'à ce moment -qui correspond au début de mon histoire (avec un tout petit h)-, j'avais alors probablement environ trois ans : plus jeune, je n'aurais certainement pas saisi la violence des mots (« Tue-moi, Papa ! ») dont, d'ailleurs je n'ai sans doute vraiment compris le sens littéral que plus tard… mais plus avancé en âge, j'en aurais certainement un souvenir mieux relié au contexte immédiat. Le cri est d'ailleurs, j'en suis persuadé, sensiblement antérieur à la fête de Noël 1946 (l'année de mes quatre ans) dont j'ai gardé des images et des impressions très concrètes, corroborées ultérieurement par l'existence de plusieurs objets décoratifs… Dont quelques-uns, hélas disparus aujourd'hui, ont longtemps trôné sur le buffet familial…

Venant juste après une période de rigueur, cette fête de Noël -qui se déroula à Nogent-le Rotrou chez mes grands-parents,- fut d'ailleurs pour moi un véritable éblouissement : une table chargée de quelques décorations qui me parurent inouïes, quelques cadeaux entassés près d'un petit sapin et surtout, surtout ! un ensemble de petits anges en plâtre, peints en bleu et qui m'arrachèrent des cris d'admiration : je découvrais une première sorte de beauté, entre kitsch et naïveté… bref quelque chose qui annonçait l'art moderne avec seulement un peu d'avance…

Pour en revenir à mon problème de datation, c'est donc à l'âge d'environ trois ans/trois ans et demi, vers la fin de 1945 ou le début de 1946, que par la grâce d'un cri féminin je suis enfin sorti de ma préhistoire... C'est à cet instant que remontent mes premiers « vrais » souvenirs personnels... Cela dit, dans le texte qui suit, m'appuyant sur des documents ou des récits familiaux, (dans lesquels parfois il est difficile de faire la part du mythe et de la réalité...), je parlerai aussi des années antérieures au cri et même à ma naissance. Mais quand il s'agira de suppositions plutôt que de certitudes, je le dirai aussi. Bref j'essaierai d'être honnête... Autant que faire se peut !

Petite et grande histoire

Une dernière remarque sur ce qui précède : piochant dans « les quelques images et les quelques mots » qui constituent (comme le dit si justement Cyrulnik) l'ensemble de mes souvenirs personnels, il est bien sûr fortement tentant d'essayer de remonter plus loin dans le passé, au-delà du cri sororal (« Tue-moi, Papa ! »...), de pénétrer dans le territoire vaste et mystérieux qui va d'un cri à l'autre, je veux dire de mon cri originel et natal à moi à celui de ma « grande » demi-sœur...

Bien avant d'entreprendre ce récit, et comme je suppose beaucoup d'entre nous, je me suis quelquefois efforcé à cette entreprise. Mais, confronté à la réalité, j'en ai très vite constaté les limites, celles bien sûr des souvenirs « fabriqués ». J'en donnerai un seul exemple. Relatif, cela ne peut surprendre, à la fin de la seconde guerre mondiale... (Pas ma faute si je suis né en mai 1942, en plein milieu du plus grand conflit qu'ait connu l'humanité, où les morts se sont comptés par dizaines de millions, où les horreurs commises ont dépassé tout ce qui avait pu être imaginé ou envisagé jusque-là...)

J'en viens à mon exemple de souvenir « fabriqué » qui, pour ce qu'il est, fait tout de même partie de mon histoire. Au printemps 1944, -j'ai alors deux ans- je me trouve à Nogent-le-Rotrou, chez mes grands-parents maternels auxquels j'ai été confié pour deux ou trois mois. Quelle qu'ait été la raison de leur décision, mes parents ont probablement pensé que j'y serais en sécurité. Mauvais calcul : en juin 1944, les américains bombardent intensément la petite ville de Nogent qui a le malheur d'être située sur les voies de communication (route et ligne ferroviaire) qui conduisent des côtes atlantiques à Paris. Pendant quelques jours, la ville subit des destructions sévères. Et comme partout la population se protège comme elle peut...

A partir de quelques récits très sommaires de mes grands-parents, « Pendant les bombardements, on se réfugiait avec les voisins, tout en haut du jardin... », je me suis construit des « souvenirs » auxquels j'ai longtemps cru, dur comme fer : je nous voyais entassés, mes grands-parents, les voisins et moi-même, au fond d'une sorte de fosse creusée pour servir d'abri...: Mais en haut de ce jardin où j'ai tant traîné dans mon enfance et mon adolescence, je n'ai jamais vu la moindre trace d'une fosse forcément importante et profonde, où auraient pu s'entasser au moins six ou sept personnes... Aujourd'hui, prenant le temps d'y réfléchir un peu, j'ai la quasi-certitude qu'il s'agit d'un souvenir « fabriqué », parmi quelques autres du même acabit.

Soyons clair : je n'ai en fait aucun souvenir personnel de la guerre et de l'Occupation. Pas un seul, en tout cas, dont je sois raisonnablement certain qu'il ne s'agisse pas d'un souvenir fabriqué après coup.

Rien d'étonnant par ailleurs à ce que ma mémoire me dise parfois le contraire : pendant toute mon enfance, dans l'atmosphère si particulière de l'immédiate après-guerre, j'ai baigné littéralement dans les « souvenirs » - arrangés ou non ! - des adultes qui m'entouraient. Ou même dans quelques récits d'exploits héroïques narrés dans la cour de récréation par des gamins fiers de leurs géniteurs… Il y avait en effet beaucoup de héros et de fils de héros de la Résistance dans les années d'après-guerre (vrais ou faux, c'est une autre histoire !)… Et cette constatation personnelle, et bel et bien vécue, au moins ça n'est pas un souvenir fabriqué !

2

La vie en immeuble : cadre et mode d'emploi

Un immeuble « bourgeois »...

L'immeuble, le 194 rue de Charenton, dans le douzième arrondissement de Paris, où je suis né et où j'ai vécu toute mon enfance, date du début du vingtième siècle. Il est situé à proximité du pont de l'ancien chemin de fer Paris-Bastille. La rue de Charenton elle-même est une voie étroite et très longue dont le tracé correspond à la route qui conduisait de la Bastille, c'est-à-dire des remparts du vieux Paris, jusqu'au village de Charenton....

On pourrait penser que cet immeuble, coincé à l'époque entre une voie de chemin de fer (celle du Paris-Bastille, aujourd'hui disparu) et une rue passagère, était exposé à beaucoup de nuisances sonores. En fait, au moins jusqu'au début des années 1950, rien de vraiment insupportable : la circulation automobile était peu intense ; et comme toutes les fenêtres de notre appartement (le 4ème, face) s'ouvraient du côté rue, nous n'étions guère gênés non plus par le bruit des trains qui passaient derrière l'immeuble. Nous étions même un peu surpris lorsqu'un visiteur s'enquérait de l'origine de ce lointain bruit de ferraille que nous n'entendions plus... Bref nous habitions un endroit relativement tranquille.

Vu de l'arrière, c'est-à-dire du côté de l'actuelle « coulée verte » qui occupe l'emprise de l'ancienne voie ferrée Paris-Bastille, l'immeuble -qui à ma connaissance existe encore- semble très modeste : on n'aperçoit qu'un grand mur lisse crépi de blanc dans lequel sont percées à intervalles réguliers quelques fenêtres sans aucune ornementation. Mais vu de la rue, et surtout comparé aux constructions les plus proches, le bâtiment a plutôt belle allure avec son parement en pierre de Paris et son balcon filant d'un bout à l'autre du cinquième étage. Presque une façade « haussmannienne » à laquelle ne manque guère, pour qu'il mérite cette appellation, qu'un autre balcon au second étage et un minimum de « décoration »... Un « immeuble bourgeois », donc, comme disait alors mon père, sans doute parce qu'il avait entendu ce mot de la bouche d'un notaire ou l'avait lu sur un acte immobilier quelconque. En fait une construction de six étages de qualité moyenne, sans chauffage central ni ascenseur, et des appartements de taille réduite et dépourvus de salles d'eau.

*
***

Un logement bien rempli…

La surface de notre appartement est d'environ soixante-dix mètres carrés. Il est composé d'une cuisine dans sa partie centrale et de trois pièces « sèches » (comme disent les professionnels de l'immobilier !...) : deux avec cheminée et de taille « normale » (vingt à vingt-cinq mètres carrés chacune) et une troisième, toute petite (huit ou neuf mètres carrés au maximum), dépourvue bien sûr de cheminée, mais où un lit d'une personne se loge sans problème. Dans l'appartement il n'y a pas de salle d'eau mais un WC : une précision importante car disposer de toilettes intérieures est un élément de confort appréciable dans ce quartier populaire... où beaucoup d'immeubles, même de qualité convenable, ne comportent alors, pour les deux ou trois appartements de chaque étage, qu'un WC collectif sur le palier !

A l'époque du cri nous sommes cinq dans ce logement. Il y a mes parents, ma sœur Monique et moi, et ma demi-sœur Solange qui occupe la toute petite chambre. Mon demi-frère Pierrot, né lui aussi du premier mariage de mon père, vient tout juste (ou bien il est sur le point, mes souvenirs sont si vagues...) de quitter le logement familial pour s'engager dans la Marine nationale. Nous sommes donc un peu à l'étroit mais à une époque où il y a tant de mal-logés ou de pas-logés du tout nous sommes presque des privilégiés... Et puis, en fait, nous ne serons pas cinq (ou même six...) bien longtemps : Pierrot va, je l'ai dit, s'engager dans la Marine en 1945 et environ trois ans plus tard, fin 1947/début 1948 (j'aurai alors presque six ans) c'est Solange qui va quitter à son tour la rue de Charenton pour vivre dans le dix-septième arrondissement avec Robert qu'elle vient d'épouser... Toutefois mon demi-frère Pierrot reviendra passer avec nous les six premiers mois de l'année 1948, avant de se marier, lui aussi, en juin de la même année... De la fin de 1948, l'année de mes six ans, à l'automne 1955, l'année de mes treize ans, nous ne serons donc plus que quatre personnes, mes parents, ma sœur Monique et moi, dans le petit appartement du 194. Mais à partir de 1955 nous serons à nouveau cinq pendant une grande partie de l'année car, après le décès de son mari à Nogent le Rotrou, ma grand-mère maternelle viendra « passer les hivers » à Paris, c'est-à-dire chez nous, occupant en fait près de six mois par an la petite chambre sans cheminée...

*

***

Quelques détails matériels...

La pièce sans doute la plus importante de l'appartement, c'est la cuisine dont la surface, pourtant, ne dépasse guère une dizaine de mètres carrés. Elle est équipée d'un robinet, le seul point d'eau de l'appartement, et d'un évier. Un petit chauffe-eau sera installé beaucoup plus tard, vers la fin des années 1950. Dans cette cuisine, on peut, en se serrant un peu, prendre un repas à quatre personnes. Il faut dire que l'espace est un peu réduit par quelques réserves de provisions : notamment un grand sac de pommes de terre qui occupe un bon mètre carré. Dans un coin trône une imposante « cuisinière à charbon », datant de la construction de l'immeuble et servant à la fois à préparer les repas, à chauffer de l'eau et en hiver à chauffer tout l'appartement. Mais pour faire la cuisine ma mère dispose aussi d'un petit réchaud à gaz et n'utilise la cuisinière « d'origine » qu'en appoint. Au début des années 1950, elle se procurera d'ailleurs une vraie cuisinière à gaz. La cuisinière à charbon n'aura plus alors qu'un rôle très secondaire dans la préparation des repas mais en hiver elle assurera encore jusqu'au milieu des années 1950 le chauffage de la cuisine et aussi, indirectement, du reste de l'appartement...

Quelques aménagements permettent de tirer parti au maximum de tout l'espace disponible : un neveu de mon père vient un jour fixer au plafond un séchoir à linge : c'est un cadre auquel sont attachés des fils et qu'on peut faire descendre ou remonter jusqu'au plafond à l'aide d'une poulie... Il y a aussi un petit « garde-manger », datant, comme la « cuisinière à charbon », de la

19

construction de l'immeuble. Disposé à l'extérieur de la pièce, contre le garde-fou d'une des deux fenêtres, c'est, pendant les mois d'hiver, l'équivalent d'un petit « frigidaire ». L'achat d'un vrai frigidaire au début des années 50 rendra inutile ce petit meuble qui sera démonté.

Car peu à peu, assez vite en fait, dans les années 50, sur l'initiative de ma mère qui ne rate jamais le Salon des Arts ménagers, la plupart des symboles du confort moderne pénètreront chez nous. Avec sa cuisinière à gaz, son frigidaire, sa machine à laver le linge, notre famille sera sans doute vers 1955/1956 l'une des mieux équipées de l'immeuble... Le lendemain de l'arrivée du frigidaire, le premier de l'immeuble, Elise, notre vieille concierge, demandera d'ailleurs la permission (qui lui sera accordée) de venir admirer l'énorme engin... Mais je continue la visite de l'appartement...

Des deux « grandes » pièces « sèches » (toujours selon le jargon des professionnels de l'immobilier !), l'une est la chambre des parents mais c'est l'autre, celle désignée comme salle à manger, qui joue le rôle le plus important dans la vie familiale. Elle sert en fait de « pièce à vivre », de bureau et de chambre pour nous, les enfants. L'un des deux couche dans ce qu'on appelle un « lit-cage » qu'il faut ouvrir le soir et replier le matin ; l'autre dort dans un très vieux canapé en cuir, transformable en lit. Pour ouvrir le canapé, il faut pousser un peu la table qui est au centre de la pièce... mais pas trop car le lit-cage n'est pas très loin ! C'est seulement lorsqu'il fait vraiment très froid qu'on allume dans cette pièce le poêle à charbon (un « Godin », bien sûr : la marque de référence).

La chambre des parents et la toute petite chambre ne sont, elles, jamais chauffées, même en cas de très grand froid. Mais la température y est toujours supportable grâce à la cuisinière à charbon de la cuisine qui se trouve à peu près au centre de l'appartement : hiver comme été, d'ailleurs, les portes de toutes les pièces restent en principe grandes ouvertes nuit et jour.

On vit donc un peu les uns sur les autres dans une quasi-absence de réelle intimité. Les bruits, parfois les plus ténus, s'entendent d'un bout à l'autre de l'appartement. Lors d'une conversation, il faut chuchoter avec précaution si l'on ne veut pas risquer d'être entendu par tous. Mes parents s'entretiennent parfois ainsi le soir à voix basse. Je surprends des bribes de conversations qui à l'évidence ne me sont pas destinées. La plupart du temps, d'ailleurs, rien de bien choquant, traumatisant ou croustillant. Souvent des affaires d'argent : mon père informe ma mère qu'il vient de prêter un peu d'argent à René, son beau-frère... ma mère trouve « un peu juste » la somme en espèces que mon père lui remet régulièrement pour faire les courses...

Us et coutumes au 194

La qualité de l'isolement phonique de l'immeuble est médiocre mais nous sommes habitués aux bruits du voisinage (radios, exercices de piano de la fille des voisins...), des bruits qui sont finalement peu nombreux et acceptables. Toutefois, dans la seconde moitié des années 1950, arriveront dans l'immeuble les premières télévisions qui s'avèreront beaucoup plus bruyantes que les radios. Personnellement, lorsque je couche dans la « salle à manger/chambre à coucher », je suis surtout importuné le dimanche matin, en hiver, par certains

21

locataires qui, dès potron-minet, rallument ou plutôt relancent le poêle à charbon de leur chambre. La technique consiste à secouer vigoureusement, à l'aide d'une petite tirette métallique, la grille située en bas du poêle afin de faire tomber dans un compartiment ad hoc les cendres ou le poussier provenant de la combustion. C'est ce qu'on appelle, dans notre famille, « caniller » un poêle (j'ignore totalement l'origine de l'expression). En tout cas ça fait un bruit épouvantable et éventuellement ça vous réveille en sursaut, même si le bruit provient de deux étages plus bas ou plus haut...

Dans la semaine, été comme hiver et y compris le samedi, notre réveille-matin c'est plutôt la radio qui se trouve dans la cuisine : dès qu'il pénètre dans cette pièce pour faire sa toilette et boire son café, mon père l'allume au volume qu'il estime convenable, sans se soucier des uns ou des autres... Il ferait beau voir que quelqu'un de sa petite tribu se plaigne du bruit fait par le chef ! D'ailleurs ça l'agace toujours un peu que d'autres membres de la famille puissent dormir quand lui-même est réveillé... Il y a hélas des choses bien plus désagréables que la radio dans ces maisons mal isolées : ainsi pendant des mois les gémissements de douleur d'une malheureuse voisine qui vit seule et se meurt d'un cancer s'entendront en pleine nuit dans la chambre de mes parents...

Le chauffage au charbon, que nous utiliserons jusqu'au milieu des années 50, impose en hiver de remonter de la cave, plusieurs fois par semaine, un seau pesant dix à quinze kilos. C'est mon père qui s'acquitte de cette tâche. Vers l'âge de douze ou treize ans je me sentirai très fier de commencer à le relayer mais pour peu de temps car c'est à peu près à ce moment que mes parents cessent d'utiliser le charbon et achètent de solides et lourds radiateurs électriques à huile et sur roulettes (on découvrira beaucoup plus tard qu'ils contiennent une grande quantité d'amiante !)

Cette corvée du charbon, pour pénible qu'elle soit, fait partie de la vie sociale de l'immeuble : ça provoque en hiver des va-et-vient supplémentaires dans les escaliers et donc des rencontres. Quelquefois aussi des occasions de s'entraider. Ainsi mon père, puis moi-même un peu plus tard, nous aidons le voisin du troisième, un vieil homme un peu grincheux qui au fil des années a de plus en plus de mal à monter son seau à charbon jusqu'à son appartement. Peut-être choisit-il ses heures pour profiter d'un coup de main mais qui pourrait lui en vouloir !... Alors que nous disposerons déjà de radiateurs à huile, mon père et moi nous continuerons d'ailleurs à monter de temps en temps la provision de charbon du vieux grincheux du troisième et aussi celle d'un homme encore relativement jeune mais en mauvaise santé qui habite le cinquième…

Il y a très peu d'enfants dans l'immeuble. Nous ne faisons que les croiser de loin en loin dans l'escalier. Je ne me souviens que d'une petite fille qui habite au troisième avec sa grand-mère et sa tante et de deux enfants qui vivent avec leurs parents au cinquième étage. Les autres locataires sont presque tous plus âgés que mes parents qui ont alors une quarantaine d'années. La plupart d'entre eux habitent là depuis très longtemps (certains depuis la construction de l'immeuble !). Ils ont tous profité, et profitent encore, des diverses lois votées en temps de guerre et qui leur garantissent le maintien dans les lieux moyennant le paiement d'un loyer très réduit et fixé chaque année par décret. La fameuse loi de 1948 prolongera pendant plusieurs décennies cet avantage accordé aux « vieux » locataires.

Ces lois n'incitent évidemment pas à déménager ceux qui en bénéficient... en particulier mon père qui a emménagé juste avant la guerre en 1939. Il apprécie d'être logé à bon compte dans un immeuble « bourgeois », proche de son travail et où d'ailleurs il mourra un demi-siècle plus tard !...

Dans cet immeuble du 194, dont les locataires sont là depuis longtemps, presque tout le monde se connait un peu. On ne se reçoit pas les uns chez les autres mais on se croise souvent dans l'escalier ou aux abords de l'immeuble et on échange presque toujours quelques mots... Surtout les femmes qui sont en majorité des « femmes au foyer » et font leurs courses quotidiennes à proximité immédiate de l'immeuble, multipliant ainsi les occasions de rencontre dans l'escalier mais aussi dans la rue ou chez les commerçants... Les croisements dans l'escalier -relativement étroit- sont d'ailleurs accompagnés d'un véritable rituel : même si l'on est un peu pressé, on marque un temps d'arrêt et on se fait systématiquement des politesses qui pour un observateur extérieur pourraient paraître ridicules « Après vous, je vous en prie ... Merci beaucoup, allez-y... Je ne suis pas pressé... Mais non, je vous en prie, vous êtes chargé... ». Il y a bien sûr quelques variantes à ces formules toutes faites qui peuvent être le préambule d'une petite conversation. S'en dispenser totalement est très mal pris : croiser rapidement un voisin en se contentant d'un bref signe de tête ou même d'un fugitif sourire est un signe de froideur, frisant l'impolitesse. « J'ai rencontré Untel dans l'escalier ; il m'a à peine dit bonjour, ça n'est pas la première fois... ».

Mes parents sont d'ailleurs très soucieux de maintenir de bonnes relations avec tous les voisins qu'ils vont côtoyer, il est vrai, pendant presque toute leur vie.

Parfois ils subiront même une assez sévère vexation sans réagir : ainsi lorsqu'une de nos voisines osera comparer le bruit que nous avons fait, le soir d'une fête, au vacarme d'un groupe d'arabes ou d'un « café arabe », -une véritable provocation, cette comparaison ! - sur le moment on s'indignera très fort chez les Colin, rabaissés d'une seule phrase au niveau des « bicots », comme dit mon père dans ses pires moments… Oui on s'indignera entre nos quatre murs… et pourtant on ravalera l'humiliation, on ne se brouillera pas avec la dame du 1er étage qui a proféré cette énormité. D'abord parce qu'elle habite l'immeuble depuis des décennies et qu'une brouille avec une personne que pendant des années on rencontrera sans doute plusieurs fois par semaine ça serait difficilement supportable… Mais aussi, précision importante, parce que la dame qui s'est permis cette remarque outrageante, c'est la mère de la jeune femme qui vient d'obtenir son diplôme de médecin généraliste… Et qui vient aussi d'ouvrir son cabinet médical… dans ce même immeuble où nous habitons, lui donnant ainsi une sorte de standing… D'ailleurs nous sommes déjà ses patients ! Mieux vaut donc oublier l'affront…

Au rez-de-chaussée, la loge où vit la concierge est un modeste et sombre réduit dont l'unique fenêtre donne sur le local à poubelles… et sur le bas du (très haut !) talus du chemin de fer Paris-Bastille. Cette femme qui vit seule est censée jouer un rôle important : surveiller jour et nuit à travers la porte vitrée de sa loge les allées et venues ; faire le ménage dans l'escalier et le hall de l'immeuble ; sortir et rentrer quotidiennement les poubelles et surtout monter deux fois par jour (au moins théoriquement !) les six étages pour apporter le courrier car il n'y a pas de boîtes aux lettres au rez-de-chaussée. C'est en fait une pauvre femme, un peu simplette, un peu alcoolique aussi.

On l'appelle par son prénom, Elise, signe évident qu'elle n'a pas du tout l'autorité de la typique concierge parisienne : la « pipelette », curieuse, bavarde et qui mène la vie dure aux locataires indisciplinés... surtout à ceux qui oublient de lui donner ses étrennes au jour de l'an ! La pauvre Elise, elle, ne reçoit sans doute pas beaucoup d'étrennes ; elle est tout juste tolérée.

Il faut dire que dans la journée elle passe plus de temps dans le petit café-épicerie en bas de l'immeuble que dans sa loge. Selon mes parents, elle a remplacé, quelques années plus tôt, un couple que je n'ai pas connu et que tous les locataires regrettent : « Encore hier, Elise n'a pas monté le courrier... Elle ne le monte même pas une fois par jour ! Je suis sûr(e) que la lettre qu'elle vient de glisser sous la porte date au moins d'hier sinon d'avant-hier. Regarde le timbre ! ... Si seulement elle nettoyait bien l'escalier !... Tu as vu la saleté en bas ?... Ah ! Du temps des X... on n'aurait jamais vu ça ! »

Hospitalisée en urgence, la pauvre Elise disparut définitivement du jour au lendemain, victime non de son impopularité (d'ailleurs au fond tout le monde l'aimait bien) mais probablement de l'alcool. Elle fut remplacée par un couple avec deux enfants qui s'entassait dans les vingt ou vingt-cinq mètres carrés de la loge. Ils ne restèrent pas longtemps et je crois bien qu'ensuite le local resta longtemps vide, des boîtes aux lettres au nom de chaque locataire ayant été installées dans le petit hall d'entrée au rez-de-chaussée... Comme beaucoup de vieux immeubles parisiens relativement modestes, où n'était prévu qu'une loge peu confortable, le 194 perdit ainsi vers la fin des années 50, au moins provisoirement, cette figure importante : « sa » concierge...

Vu l'étroitesse de la rue de Charenton les voisins des immeubles d'en-face, ou légèrement décalés par rapport au nôtre, étaient physiquement très proches de nous. Avec eux aussi, mes parents, mon père en particulier, étaient très soucieux de maintenir de bonnes relations : un jour d'été, toutes les fenêtres étant largement ouvertes, ma sœur adolescente fait d'une voix un peu forte une critique sur des voisins de la maison d'en face qui prennent le frais à leur fenêtre. Rien sans doute de bien méchant mais mon père, furieux car il craint que les voisins aient entendu, lui balance une claque très appuyée...

C'était le problème avec les claques de mon père : elles étaient très rares mais, toujours données sous le coup d'une forte colère ou d'une profonde mauvaise humeur, elles faisaient généralement très mal. En comparaison celles, plus fréquentes, de ma mère n'étaient que de dérisoires pichenettes...

3

La rue

Un quartier de « bistrotiers » …

Dans la partie de la rue de Charenton où nous habitions, (à côté du pont de chemin de fer du Paris-Bastille), il y avait dans les années d'immédiate après-guerre, sur deux ou trois cent mètres seulement, au moins cinq à six débits de boisson. Comme d'autres établissements de ce type, celui situé au bas de notre immeuble faisait en même temps épicerie et il était tenu par un couple d'auvergnats, les « Poultrinier », un nom qui sentait bon le terroir ! Chez eux, entre le côté « café » et le secteur « épicerie », il n'y avait qu'une amorce de cloison et le cafetier ou sa femme passait souvent d'un côté à l'autre de son petit local pour servir les clients. Nos Poultrinier habitaient, comme il se doit, l'un des appartements du premier étage de notre immeuble.

En cette fin de la décennie 1940 et jusqu'au début des années 1950, tous ces bistrots étaient florissants : le « café » était alors un lieu de « socialisation » important dans le monde des ouvriers et des petits artisans ou employés. L'alcoolisme d'ailleurs faisait alors des ravages, malgré les efforts souvent timides des pouvoirs publics : « Pas plus d'un litre de vin par jour et par personne ! » intimaient les affichettes apposées sur instruction de l'Etat et qu'on pouvait lire un peu partout, notamment dans le métro... En 1954 encore, Mendès-France lançait une campagne pour promouvoir la consommation du lait en lieu et place des boissons alcoolisées. J'avais alors douze ans et, un jour où je faisais des courses dans la petite épicerie en bas de notre immeuble, je me souviens très bien d'avoir entendu le cafetier, le brave Poultrinier, moquant bruyamment cette initiative devant des clients qui faisaient chorus... Boire du lait au lieu du pinard, non mais pour qui les prenait-on ? Mieux valait en rire !

Mais la hargne, les moqueries des bistrotiers n'y pourront rien : en une petite dizaine d'années, du début des années 50 au début des années 60, l'alcoolisme « populaire » (on parle encore peu d'alcoolisme « mondain »...) diminue ; en même temps le genre de vie des habitants du quartier change, notamment grâce à la télévision, et le rôle social des petits bistrots décline progressivement. Les uns après les autres, les cafetiers baisseront les bras mais leurs établissements ne fermeront pas : tous ou presque seront repris par des tenanciers « arabes ». Mais dans les années 40, quand mon histoire commence, rien ne permet de prévoir cette évolution...

Un peu de pittoresque...

Dans notre quartier, non seulement les cafés mais aussi la rue et ses trottoirs eux-mêmes étaient encore, jusqu'au début des années 1950 un espace important de la vie sociale.

D'abord la « bagnole » n'avait pas encore complètement conquis le bitume ou les pavés. Un exemple particulièrement frappant : les cérémonies d'obsèques commençaient souvent par un cortège plus ou moins important qui, prenant possession de la rue, se rendait à pied de la demeure du défunt, signalée par une sorte de grand dais noir, jusqu'à l'église paroissiale. Et aucun des automobilistes, contraints d'attendre la fin d'une procession funèbre, ne se serait permis de klaxonner… à cette époque où pourtant on klaxonnait à tout bout de champ !

Comparée à celle d'aujourd'hui, la rue de ce quartier populaire était aussi le théâtre d'une véritable animation, sans doute bien différente de celle d'aujourd'hui faite de gens pressés pour qui la rue n'est plus guère qu'un banal corridor de circulation. A eux seuls les petits cafés et les commerces de détail assuraient un va-et-vient constant et ce qu'on pourrait appeler une vie de quartier.

Ma mère faisait certes l'essentiel de ses provisions au marché du boulevard de Reuilly où elle se rendait deux fois par semaine, le mardi matin et le vendredi matin, mais presque tous les jours elle allait, munie de son pot au lait, chez le crémier acheter un litre ou deux de lait frais, (non pasteurisé et qu'il fallait faire bouillir !)… Elle en profitait pour acheter en même temps quelques broutilles (yaourts, fromages…). Ce « crémier » dont la boutique était à cinquante mètres environ de notre immeuble, c'était aussi le salon où l'on cause, voire le lieu de diffusion des dernières nouvelles : je me souviens encore d'une femme relativement âgée, entrant dans cette boutique, en 1954, brandissant un journal (probablement l'édition du jour la plus récente de France-Soir, le grand quotidien de l'époque) et annonçant d'un ton tragique : « Dien-Bien-Phu est tombé ! ». Pendant quelques secondes, les quelques clients et le crémier lui-même se sont figés, stupéfiés par cette nouvelle incroyable :

jusqu'au bout presque personne n'avait cru que la France serait finalement vaincue par ses anciens colonisés. Ce jour-là, une fois la première émotion passée, chacun y est allé de son petit commentaire... Ainsi circulaient encore les nouvelles au printemps 1954, l'année de mes douze ans ! ...

On allait moins souvent (peut-être une ou deux fois par semaine) au petit café-épicerie en bas de notre immeuble pour acheter un litre de vin et en même temps éventuellement, là-aussi, une bricole, genre moutarde, mayonnaise, sel ou poivre... Pour se procurer le vin rouge on apportait un litre vide que le cafetier-épicier remplissait au robinet d'un des trois grands réservoirs qui contenaient chacun une piquette plus ou moins alcoolisée : c'est-à-dire à 8, 10 ou 12° d'alcool. Je me souviens de ce détail à cause d'une vive controverse entre mon demi-frère Pierrot et mon père. Je crois que Pierrot voulait, ce jour-là, que nous achetions du 12° alors que mon père, qui ne buvait que du vin « coupé » (deux doigts de vin rouge au fond du verre, complétés par de l'eau), trouvait le 10° (d'ailleurs un peu moins cher !) bien suffisant... C'est aussi de ce petit café-épicerie qu'on passait, dans les cas d'extrême urgence, nos très rares coups de téléphone.

Dans ce Paris populaire d'après-guerre, bien photographié par Robert Doisneau, passaient encore sous nos fenêtres : le vitrier, au cri très reconnaissable, qui portait son encombrant matériel sur le dos ; plus rarement un vendeur de fromage déguisé en berger et traînant derrière lui, pour faire plus vrai, trois ou quatre malheureuses biquettes ; parfois le « glacier » qui, les après-midi d'été, arrivait, les jours de grosse chaleur, avec son camion qu'il arrêtait tous les cent mètres, tirant de son véhicule, avec son crochet, de longues barres de glace à section carrée qu'il cassait pour en proposer des morceaux aux riverains de la rue... lesquels se précipitaient pour les recueillir dans des cuvettes ou des bassines…

Souvent les soirs d'été les concierges sortaient leur chaise sur le trottoir pour prendre le frais et papoter… sans trop risquer d'être intoxiquées par la fumée des tuyaux d'échappement ou abruties par le bruit d'une circulation beaucoup plus réduite qu'aujourd'hui… Tandis que dans les étages des immeubles, les locataires, -ne disposant pas encore de la télévision !-, s'accoudaient à leurs fenêtres pour se distraire de l'animation de la rue. Pour en finir avec cette parenthèse dédiée au pittoresque, je me souviens aussi d'avoir été autorisé à lancer (du 4ème étage !) une petite pièce à un chanteur (ou une chanteuse) qui s'égosillait sur le trottoir au bas de notre immeuble… Aujourd'hui je crois bien qu'on ne l'entendrait même plus du 1er étage !

Tout n'était pas rose, pourtant, à cette époque : il y avait déjà beaucoup de pollution dans notre bout de rue. Tout le monde ou presque se chauffait au charbon. Et les voitures, beaucoup plus rares certes, étaient bien plus bruyantes, klaxonnaient à tout-va et surtout polluaient beaucoup plus que celles d'aujourd'hui. Quant aux locomotives à vapeur du Paris-Bastille, qui passaient juste derrière la maison, elles nous expédiaient parfois d'épais nuages de fumée. Si épais que lorsqu'elles manœuvraient près de notre immeuble, il arrivait même, exceptionnellement il est vrai, qu'on ne voie même plus les façades des immeubles situés de l'autre côté de la rue -c'est-à-dire à une distance qui ne devait pas excéder une quinzaine de mètres !… Nous les enfants, nous trouvions ça très amusant !

La rue et ses dangers (selon ma mère)

Faute d'autres espaces et d'équipements, la rue et ses trottoirs pouvaient aussi à l'occasion, dans les années 1940, servir de lieu de rencontre pour des adolescents et même des enfants. Solange et Pierrot, mes demi-sœur et demi-frère en avaient, paraît-il, -en tout cas selon ma mère ! - amplement profité…. Pour Monique et moi, ça ne serait jamais le cas : d'abord l'atmosphère de la rue va commencer à changer rapidement dès le milieu des années 1950, j'en parlerai. Mais surtout, pour ma mère, la rue, c'est le symbole du mal, l'antichambre de la délinquance, le royaume des voyous, y compris les terribles « blousons noirs » dont se repaît la presse à sensation de l'époque… Toujours selon ma mère, Solange et Pierrot, les deux premiers enfants de mon père, avaient pris sur le pavé parisien, dès leur plus jeune âge, de mauvaises habitudes et surtout ils avaient fait de « mauvaises » rencontres, entretenu de « mauvaises » fréquentations. Pour Geneviève le « sirop de la rue » est responsable de leur échec scolaire et aussi, cela va sans dire, de leur esprit de rébellion, de leur refus d'accepter son autorité et ses principes petits-bourgeois.

Le petit appartement du 4ème étage sera donc notre lieu, notre cadre de vie pendant toute l'année scolaire. Dans la semaine, nous n'en sortirons que pour les sorties avec ma mère, souvent très occupée par ses tâches domestiques et par la confection de vêtements pour ma sœur et pour elle-même. Dans ma petite enfance, j'ai souvent éprouvé dans ce petit appartement un désagréable sentiment d'enfermement. Je suppose que beaucoup de petits parisiens du même milieu social et de cette époque en ont souffert aussi. Et, malgré la création dans les années 1970 et 1980 de grands espaces verts dans le quartier de mon enfance, je ne suis pas sûr que les petits parisiens qui l'habitent aujourd'hui soient tellement plus favorisés...

Cela dit, les craintes de ma mère, probablement exagérées et dont je reparlerai, étaient partagées par beaucoup d'autres familles du quartier. Et c'est vrai aussi que dès le début des années 1950, l'ambiance de la rue (ou plutôt de notre petite portion de la rue de Charenton) va progressivement changer : les automobiles sont de plus en plus nombreuses (d'ailleurs notre voisine, une vieille dame, de l'étage du dessous nous annonce un jour qu'elle renonce à en faire un comptage journalier, ce qui apparemment était l'une de ses principales distractions !)… Signe des temps : les voitures changent peu à peu d'aspect, prennent des couleurs (jusque-là, elles étaient toutes noires !) et chassent les dernières voitures à cheval, les vélos et même les « side-cars », brièvement à la mode. Les cinq ou six cafés ou cafés-épicerie à proximité immédiate du 194 deviennent des « cafés arabes » où aucun « européen » ne songerait à mettre les pieds. La télé commence à rentrer dans les foyers dont elle occupera les soirées, été comme hiver. Alors que progressivement je passe de l'enfance à l'adolescence, un nouveau monde est en train de naître dans lequel plus personne ne songerait à laisser seul dehors un enfant -ou même bientôt un jeune adolescent !

4

Un couple d'autrefois (Geneviève et Louis)...

Un mariage (bien) arrangé

Après un veuvage de deux ans et demi, Louis, mon père, avait jugé opportun, en 1939, de se remarier. Une décision fondée sur une appréciation réaliste des contraintes matérielles et sociales d'un veuf nanti d'enfants. Les bonnes âmes de son entourage l'avaient encouragé et même poussé à convoler à nouveau.... Comment vivre sans femme, en effet, lorsqu'on est un petit employé de bureau, ou plutôt (notez la nuance qui a son importance) un petit sous-chef de bureau, avec deux grands enfants sur les bras ? Non ça n'était pas raisonnable ni même bon pour l'équilibre et la santé !

Encore fallait-il trouver l'épouse potentielle prête à, et désireuse de, convoler. En fait, même sans internet et ses sites spécialisés d'aujourd'hui, ce fut chose relativement facile. Dans les associations bénévoles et catholiques que fréquentaient -très épisodiquement !- les futurs époux, les marieurs et les marieuses ne manquaient pas. Alors que j'étais moi-même un grand adolescent, j'ai rencontré au moins une fois l'un de ces grands bourgeois qui animaient ces organisations avant la seconde guerre mondiale : à l'occasion de vacances en Bretagne, mon père nous emmena en visite, ma mère, ma sœur et moi, chez un baron dont il nous parlait souvent parce qu'il avait probablement joué un rôle important dans sa vie… et peut-être aussi dans l'origine de la mienne. Le vieil homme, encore vert mais estropié d'une jambe (probablement un souvenir de la guerre de 14 : à l'époque les « invalides » de la guerre de 14/18 étaient encore légion) nous reçut avec chaleur dans sa belle demeure ancienne avec vue sur l'océan. Je fus surtout frappé par la déférence avec laquelle mon père s'adressait à lui. Le baron, par contre, lui parlait sur un ton à la fois chaleureux et protecteur, presque comme à un adolescent…

Cela dit, et pour corriger l'ironie involontaire du paragraphe précédent, je serais plutôt porté à rendre hommage aux responsables et membres bien intentionnés de ces associations « sociales-catholiques » créées et dirigées avant-guerre par de jeunes bourgeois (parfois aussi de moins jeunes). Des idéalistes désireux de promouvoir la réussite de travailleurs méritants. Contemporaines des ligues et mouvements d'extrême-droite et d'extrême-gauche de l'époque, elles représentaient, d'après le peu que j'en sais, un idéal bien différent : celui d'un rapprochement de tous les hommes et femmes de bonne volonté qui, oubliant leurs différences sociales, auraient pu en s'entraidant contribuer ensemble à la création d'un monde meilleur… Je ferme la parenthèse…

*
***

Louis (le veuf de trente-six ans avec deux gamins sur les bras) et Geneviève (qui à trente-trois ans habitait encore chez ses parents et risquait de rester vieille fille) tous deux des travailleurs sérieux, méritants et catholiques ont ainsi trouvé le bon partenaire pour convoler. Après avoir été présentés l'un à l'autre par leurs mentors respectifs, -ces bonnes âmes chrétiennes et sociales avec lesquelles ils étaient en relation-, les futurs époux donnèrent leur accord et l'affaire fut conclue presque immédiatement. Et d'ailleurs sans faire de chichis inutiles.

Le père de Geneviève était tout de même un peu réticent : il aurait bien gardé avec lui cette fille docile qu'il aimait bien. Et puis la guerre menaçait sérieusement en cette année 1939. Etait-ce bien raisonnable de se lancer dans une pareille aventure : le mariage avec un veuf, certes disposant des meilleures recommandations et ayant une « bonne situation » mais avec deux grands enfants à charge ! Malgré les réticences du père de Geneviève, tout fut vite expédié... et le destin de la petite couturière fut scellé. Un contrat de mariage rigoureux et un peu risible, (je l'ai lu !) contenant la liste des quelques petits meubles apportés par la future épouse, fut signé par-devant notaire (le père de Geneviève, l'ancien sous-off d'un régiment de dragons, veillait au grain). Et quelques semaines plus tard Louis et Geneviève étaient unis pour l'éternité devant Dieu et devant les hommes. L'un avait résolu son problème de veuvage, et l'autre (Geneviève) avait saisi ce qui était peut-être sa dernière chance, si l'on peut parler de chance : au moins échappait-elle ainsi à un autre destin qui lui pendait au nez, celui de vieille fille solitaire... Malgré les disputes et les emmerdements divers, elle n'a d'ailleurs, je crois, jamais vraiment douté d'avoir fait le bon choix.

Pourtant elle se mariait avec un homme qu'elle connaissait à peine et pour lequel, vu les circonstances, elle n'avait certainement pas éprouvé d'attirance particulière ! Pas la moindre trace de romance dans tout ça. Une affaire rondement menée dont ma mère parlait tranquillement en famille avec une totale absence de tact. « Quand tu m'as été présenté » dit-elle un jour à Louis en ma présence et alors que j'étais déjà moi-même un grand adolescent ou un jeune adulte, « Quand je t'ai vu, j'ai pensé : il a un physique dont il n'y a rien à dire ! »... « J'ai pensé exactement la même chose » a répliqué immédiatement mon père, un peu vexé mais pas plus que ça parce que la chose, vraiment, n'avait guère d'importance. L'échange d'amabilités en est resté là. De toute façon, ils n'avaient jamais joué aux amoureux. Et puis on croyait fermement à Dieu et à l'importance du mariage, ça oui, mais l'amour romantique c'était une affaire douteuse et très suspecte parce que ça pouvait mener aux pires catastrophes ; les exemples ne manquaient pas... Quant à l'amour physique, mieux valait éviter d'en parler.

Une (belle) cérémonie

Et donc Geneviève, qui à trente-trois ans sortait enfin du cocon maternel et paternel, eut droit en juin 1939 à la petite fête familiale et matrimoniale habituelle. Mais pas à la belle robe de mariée dont elle rêvait sans doute. Une dépense jugée probablement excessive et inopportune, vu les circonstances : la guerre menaçait, les mariés n'étaient plus de première jeunesse et puis, n'est-ce pas, elle épousait un veuf avec deux grands enfants -une sorte de mariage d'occasion ! On se mariera donc en petit comité et sans chichis. Elle en éprouvera un peu d'amertume mais pas plus que ça : elle n'est pas du genre à faire un drame pour si peu. Mais elle n'hésitera pas non plus à dire à l'occasion (voire à contretemps...)

ce qu'elle en a pensé. « La famille de ton père, soupire-t-elle un jour devant moi alors que nous sommes seuls, ne semblait pas se rendre compte que moi, c'était mon premier mariage ! Ils m'ont fait de ces réflexions. En plus je n'étais pas bretonne, je ne faisais pas partie du clan ».

On a tout de même « marqué le coup » : sur les quelques petites photos faites ce jour-là, (des clichés d'ailleurs médiocres), la mariée porte une robe longue, claire et plissée, très « habillée ». Elle arbore un chapeau de diamètre impressionnant, tout-à-fait d'époque, et serre entre ses bras un grand bouquet de fleurs blanches. Mon père, lui, porte un beau costume sombre et a mis un nœud papillon, pour lui le summum de l'élégance... Il n'y a qu'une douzaine d'invités : les parents des mariés et leurs frères et sœurs. Les très nombreux neveux et nièces n'ont pas été conviés à la fête. Le seul enfant présent est mon demi-frère Pierrot, onze ans, à côté duquel ma demi-sœur Solange, une petite jeune fille de quatorze ans à l'époque, sourit très gentiment, serrant elle aussi entre ses bras un joli petit bouquet de fleurs blanches. On comprend que ma mère, avec toute la naïveté dont elle était capable, ait pu espérer « s'en faire une amie ».

Le lendemain ou le surlendemain de la cérémonie, Louis et Geneviève laissent Solange et Pierrot sous la surveillance de leurs grands-mères, toutes deux bretonnes pur jus et concierges chevronnées. Les deux tourtereaux embarquent à la gare de Lyon dans un train pour le Croc de Cagnes, sur la Côte d'Azur, où ils séjourneront une petite semaine en « voyage de noces ». Je crois bien que ma mère découvre alors la Méditerranée pour la première fois. En tout cas, elle reparlera très souvent de ce voyage comme d'une aventure extraordinaire. Mon père, lui, avait probablement déjà visité la région dans sa jeunesse lorsqu'il avait passé un an à Toulon comme « quartier-maître » dans la Marine.

Des lendemains qui déchantent (un peu…)

Dès leur retour du mythique voyage au Croc de Cagnes, ma mère s'installe au 194 de la rue de Charenton où mon père habitait depuis peu avec ses deux grands enfants, Solange et Pierrot (il est très fier d'avoir obtenu « par connaissance » cet appartement « bourgeois » qui contraste avec celui de la maison délabrée qu'il occupait auparavant rue de Reuilly). Au premier abord, Geneviève (qui pourtant habitait avec ses parents un quartier populaire à Clichy-sur-Seine) n'apprécie pas beaucoup l'endroit. Elle trouve laid ce bout de rue où pullulent les petits bistrots et où, pourtant, elle se résignera à passer presque toute sa vie. Elle fera bien, au moins une fois, une timide tentative pour déménager. L'épisode mérite, je crois, d'être raconté.

Un soir donc, au moment du repas, pris comme d'habitude dans la petite cuisine, elle évoque devant mon père, prudemment mais avec conviction, cette possibilité de déménager. Ma sœur Monique et moi nous avons alors une dizaine d'années et nous sommes déjà au courant du projet car c'est l'institutrice de Monique qui a proposé l'affaire !... On est sans doute en 1950 ou 1951. Geneviève expose donc à son mari tout puissant ce qui lui paraît être une bonne affaire, une occasion à ne pas laisser passer : un appartement plus grand, et plus confortable dans un immeuble ancien avec ascenseur, situé dans une partie plus bourgeoise de la rue de Charenton, juste à côté de la mairie, et disposant d'une vue dégagée sur le carrefour rue de Charenton/Avenue Daumesnil. Et bien sûr, il y a même une salle d'eau… Le rêve !... Détail important : ce logement est à peu près à la même distance du bureau de mon père que le 194 où nous habitons. C'est-à-dire un quart d'heure environ de marche à pied au total, ce qui permettrait à Louis de continuer à rentrer déjeuner le midi à la maison : une habitude à laquelle il ne renoncerait sans doute pour rien au monde. Et finalement changer d'appartement, ça ne serait pas si cher que ça. En tout cas on pourrait largement se permettre le petit investissement (il faudrait payer une petite « reprise ») et l'augmentation « raisonnable » de loyer que ça représente. Bref l'occasion idéale…

Geneviève a sans doute bien préparé son argumentaire mais elle n'aura pas vraiment le temps de finir ses explications, d'exposer tous les mérites et avantages du beau logement où elle se voyait déjà. D'une seule phrase, du genre « il n'en est pas question », mon père l'interrompt et oppose un refus qu'il ne juge même pas utile de justifier. Ma mère qui pourtant y croyait, qui avait évoqué devant ma sœur et moi les avantages du nouveau logis, n'insiste pas. Elle qui se chamaille si souvent avec mon père pour un oui ou pour un non, cette fois elle ne discute même pas. D'abord parce que, elle le sait, ça ne servirait à rien. Et puis elle admet immédiatement le point de vue de son époux et ses raisons qu'il ne prend pas la peine d'exposer : l'appartement du 194 dont le loyer est dérisoire n'est-il pas bien suffisant pour les quatre personnes que nous sommes à cette époque (Solange et Pierrot viennent de quitter le foyer pour convoler et ma grand-mère maternelle ne s'installera chez nous pour « passer les hivers » qu'un peu plus tard, en 1955, l'année de mes treize ans) ! Ce soir-là, après un lourd silence de quelques secondes, ma mère change prudemment et immédiatement de sujet de conversation… Elle se sent peut-être un peu (un tout petit peu) coupable d'avoir rêvé, d'avoir mis en péril un instant l'équilibre du ménage. Ne vient-elle pas de s'aventurer (en présence des enfants !) sur le « domaine réservé » du chef de famille ! Et comme c'est une épouse raisonnable, elle ne refera pas d'autres tentatives…

Quelques années plus tard, vers la fin des années 1950, alors que nous sommes à nouveau cinq dans le petit appartement du 194 (du fait de l'arrivée de ma grand-mère maternelle en 1955), de nouveaux immeubles s'élèvent tout près de chez nous dans l'Avenue Daumesnil. A l'occasion d'une promenade en famille nous passons devant ces constructions d'aspect sévère. Mon père nous explique alors qu'en tant que « cadre supérieur » de sa société, la RATP, il s'est vu offrir l'acquisition d'un grand appartement dans ces immeubles. Et même qu'au moins deux de ses collègues en ont profité et se sont portés acquéreurs. Lui-même aurait pu aussi s'il l'avait voulu… Ni ma mère, ni ma sœur ni moi-même ne lui demandons pourquoi il n'a pas profité de l'occasion. Car le sens de sa remarque est évident : Louis tient à faire savoir que s'il le voulait, compte tenu de l'importance de sa situation dont il est si fier (il est alors chef-adjoint de je ne sais plus trop quoi…), il pourrait sans problème avoir un logement de bien meilleur standing… Mais le petit appartement sans confort et au loyer dérisoire, qu'il habite alors depuis plus de vingt ans, lui convient très bien.

Un couple indestructible

Malgré toutes les difficultés, malgré les relations difficiles entre ma mère et les enfants de mon père (j'en reparlerai !), malgré une probable absence, dès le début, d'une véritable attirance physique ou de sentiments amoureux, le couple que forment alors mes parents dans cet immédiat après-guerre est absolument indissoluble. Un divorce ou une séparation seraient pour eux de l'ordre de l'impensable : il y a d'abord le sens très fort qu'ils ont de leurs responsabilités vis-à-vis de leurs enfants mais aussi les conventions sociales de l'époque et les contingences matérielles (un divorce, ou même une simple séparation, serait, pour chacun des deux, un désastre sur le plan social et sur le plan matériel). Un couple, donc, régulièrement secoué par de sévères disputes, mais uni jusqu'à la mort. Pourtant les causes de pugilats ne manquent pas : ma mère se plaint de l'attitude de ses beaux-enfants (même après qu'ils aient quitté le 194 !) et surtout mon père ne tolère pas la moindre défaillance, le moindre retard, dans la gestion du ménage (le dîner doit être prêt à l'heure, rien ne doit traîner lorsqu'il arrive le soir...). La moindre contrariété, le moindre petit incident est susceptible de déclencher un tsunami... mais comme on dirait aujourd'hui « la séparation n'est pas une option » : il est admis une fois pour toutes que la vie comporte des difficultés inévitables et que les disputes entre époux en font partie...

Au 194 de la rue de Charenton, en tout cas, les chamailleries quasi-quotidiennes font partie intégrante de la vie conjugale. Personnellement je supporte sans doute assez mal cette ambiance car plus tard, devenu adulte, j'aurai le souci de ne pas reproduire le même schéma... Peut-être même est-ce la raison pour laquelle je fuis souvent la confrontation... au risque de ne pas régler des problèmes qui devraient et pourraient l'être... Hypothèse invérifiable, bien entendu...

Dans ces années d'après-guerre comme d'ailleurs aussi par la suite, Louis et Geneviève ne semblent pas trop se préoccuper, eux, d'éviter les disputes et les

43

criailleries... Le jour de la lessive est particulièrement difficile : tout se passe dans la cuisine dont le petit évier et le robinet, -l'unique point d'eau de l'appartement- servent aussi, quotidiennement, à faire un brin de toilette. Le lavage du linge a lieu en principe le jeudi, jour où il n'y a pas d'école. Ces jours-là, dès le matin le linge trempe dans l'eau savonneuse et bouillante d'une énorme « lessiveuse », un grand baquet en métal qui trône dans un coin de la cuisine et que ma mère ne peut déplacer qu'avec l'aide de mon père. Lequel doit donc participer aux opérations (dont le détail aujourd'hui m'échappe) pendant sa courte pause-déjeuner du midi. Cela se passe le plus souvent dans les cris et la confusion. Plus tard ma mère, qui visite une fois par an le fameux « Salon des arts ménagers », se procurera une des premières machines à laver le linge. Mais il faudra encore déplacer cet engin, plus moderne certes que le rudimentaire baquet, mais tout aussi encombrant... et dont le branchement dans le petit évier de la cuisine posera aussi de très sérieux problèmes. Le jeudi matin, « jour de la lessive », restera longtemps un moment difficile de la vie familiale... Heureusement ma mère pourra se détendre un peu l'après-midi qui sera consacré à une rituelle promenade avec ma sœur et moi...

Il faut dire que pour mes parents, mariés à la veille de la Seconde guerre mondiale, l'Histoire (celle avec un très grand H !) n'avait guère été favorable au développement d'une vie familiale harmonieuse. Très mal préparée (c'est le moins qu'on puisse dire) à jouer son rôle de belle-mère vis-à-vis des deux enfants de son mari, Geneviève a dû aussi affronter tout de suite après son mariage les conséquences de la guerre et de l'Occupation allemande. Dès septembre 1939, son époux étant mobilisé comme officier-marinier, elle a dû en effet gérer, seule ou presque, une relation avec deux adolescents qui n'acceptaient guère son autorité... La suite a été encore plus difficile : deux grossesses rapprochées en période de guerre et de privations... J'en reparlerai...

Mon père, lui, a été d'emblée le chef de famille selon les antiques lois en vigueur.

Dans le couple qu'ils vont former pendant plus d'un demi-siècle, il sera « le » chef auquel n'échappe en principe aucune décision mais qui délègue volontiers à son épouse, outre bien sûr les tâches ménagères, la gestion des affaires courantes et l'éducation des enfants... Elle en profitera parfois pour agir discrètement à sa guise... Elle peut même parfois influencer ses décisions dans le domaine « réservé ». En bref ce domaine, c'est celui des dépenses exceptionnelles. C'est mon père qui fait fonctionner et surveille le compte-joint du ménage, ouvert à la Poste. Ma mère n'utilise un chéquier qu'exceptionnellement. Elle dispose d'une somme en espèces pour les dépenses courantes, essentiellement la nourriture. Pour toute dépense à caractère exceptionnel, elle doit obtenir le feu vert de son mari... qui ne se gêne pas parfois pour refuser, même s'il s'agit d'une babiole qu'il trouve superflue.

Ma mère supporte en fait assez bien la relative « radinerie » de mon père. Elle-même a été élevée dans la religion de l'économie. « Un sou, c'est un sou » est une maxime qu'elle a beaucoup entendue. D'ailleurs dans tout domaine autre que notre éducation, elle est en général, comme lui, assez regardante à la dépense. Elle nous achète volontiers des vêtements ou des chaussures d'une taille un peu au-dessus de la nôtre pour que ça dure. Et même, encore gamin, il m'arrivera d'avoir quelquefois un peu mal aux pieds parce qu'on ne remplace des chaussures encore en bon état que lorsqu'elles sont vraiment trop petites !... A elle aussi, le moindre gaspillage est insupportable.

Dans le domaine qui dans les années d'après-guerre va nous concerner personnellement, ma sœur et moi, celui de l'éducation des enfants, il la laisse totalement libre, la seule limite étant financière. Ma mère, elle, accorde une priorité absolue à notre éducation ; elle est prête à consacrer tout le temps et l'argent dont elle dispose pour que nous réussissions à l'école et donc, pense-t-elle, dans la vie.

5

Une famille sous l'occupation (d'après Louis et Geneviève...)

La « Drôle de guerre » et l'invasion

Mon père n'avait pas participé aux combats puis à la déroute de juin 1940. Pourtant, « officier-marinier réserviste », il avait été mobilisé dès la déclaration de guerre, en septembre 1939, à trente-six ans, alors qu'il venait d'épouser ma mère. S'ennuyant ferme à Cherbourg pendant les sept ou huit mois de la « drôle de guerre » (une guerre déclarée à l'Allemagne par la France et l'Angleterre mais sans le déclenchement de la moindre hostilité !), il avait demandé et obtenu en avril 1940 (quelques semaines seulement avant l'attaque allemande !) d'être rendu à la vie civile.

Il évoquait sans aucune gêne cette démobilisation surprenante qu'il avait sollicitée en faisant état de ses services antérieurs. Il était tout de même resté soumis à quelques obligations, notamment celle de porter une arme et de ne pas quitter la région parisienne.

L'absurdité apparente de cette décision administrative, (accepter de démobiliser un militaire expérimenté et dans la force de l'âge alors que le pays était plus que jamais sous la menace d'une attaque allemande !), lui avait permis d'échapper aux meurtriers et désastreux combats de juin 1940 contre l'armée allemande. Ainsi avait-il évité non seulement le risque d'être tué mais surtout (c'est ainsi qu'il présentait les choses) celui d'être, comme il disait, « fait aux pattes pour cinq ans » autrement dit fait prisonnier et envoyé dans un camp en Allemagne où il serait peut-être resté jusqu'à la fin de la guerre.

S'il n'éprouvait pas la moindre gêne d'avoir échappé aux combats de juin 1940, c'est que, dans les années d'après-guerre, mieux valait avoir, comme lui, des états de service dans la Résistance qu'avoir croupi quatre ou cinq ans dans un camp de prisonnier.

*

***

Au moment de l'invasion allemande et de la débâcle de juin 1940, tandis que ma mère quitte la capitale avec ses deux beaux-enfants, mon père reste donc à Paris.

Démobilisé depuis peu, en avril ou mai 1940, il vient de reprendre son travail, son sacro-saint travail à la CMP (la Compagnie du Métro Parisien, la future RATP) et il est ainsi aux premières loges en juin 1940 pour assister à l'entrée des allemands dans Paris, alors déclarée « ville ouverte » et désertée de la plupart de ses habitants. Je l'ai entendu raconter comment il avait vécu l'évènement : « Je les croyais encore loin, les fridolins… Je marchais tranquillement dans la rue quand j'ai vu la colonne de soldats arriver ; elle était déjà tout près ; je n'en croyais pas mes yeux ; le problème, c'est que j'avais ce sacré pistolet dans la poche ; je me suis dit : s'ils me fouillent ils sont capables de me fusiller tout de suite : un civil qui se balade avec une arme chargée dans une rue déserte, tu te rends compte ! Mais c'était trop tard pour me planquer ou pour me débarrasser de l'engin, alors j'ai continué ma route comme si de rien n'était. Et on s'est croisés tranquillement ; ils sont passés sans s'occuper de moi. Dans la vie j'ai toujours eu beaucoup de chance... Après j'avais une soif pas possible. J'avais jamais eu aussi soif de ma vie. A la station de X…, j'ai trouvé un employé qui m'a donné une bouteille de vin blanc. Je l'ai bue cul sec… Oui, cul sec !».

L'Occupation

Jusqu'à la fin de sa vie, ma mère évoquera les longues queues dans le froid qu'elle a dû faire pour obtenir la nourriture à laquelle les tickets de rationnement donnaient droit : tant de grammes de pain ou de viande ou de lait… qu'il n'était pas toujours facile de se procurer (les allemands se servaient en priorité et une partie du reste était écoulée au marché noir…). « En principe [c'est ma mère qui parle] en principe j'avais priorité dans les queues parce que j'étais enceinte mais ça n'empêchait pas les gens de m'insulter, de ricaner en disant que je mettais des chaussettes sous ma robe… ». Pendant une courte période, ma mère se fera aider pour le ménage par une femme qui habite près de chez nous mais, soupçonnant qu'elle lui vole du linge, elle met rapidement fin à l'expérience.

La naissance difficile puis les problèmes de santé de ma sœur Monique aggravent bien sûr la situation. Mais, comme des millions d'autres femmes, Geneviève tiendra le coup, vaguement consciente, peut-être, que ce qu'elle subissait n'était finalement pas grand-chose en

49

comparaison des horreurs qui s'étaient abattues sur toute l'Europe.

La Résistance

Dès les premiers jours de l'invasion, mon père a été hostile à toute collaboration avec l'Occupant. En font foi plusieurs controverses, restées dans la famille, avec mon grand-père, ancien poilu de 14/18 et jusqu'au bout pétainiste convaincu. Ma mère racontait aussi que Louis ne supportait pas d'entendre son épouse faire l'éloge des soldats allemands au début de l'Occupation : ceux-ci selon elle étaient beaucoup plus courtois que les autres voyageurs et se levaient pour lui donner leur place lorsqu'elle était enceinte…

Difficile, par contre, de savoir exactement en quoi consistèrent les faits d'armes de Louis pendant ces années noires. Ne rentrant dans les détails que très exceptionnellement, il raconte notamment volontiers qu'il a sauvé « beaucoup de gens » : informé de divers projets d'arrestation, grâce à ses fonctions à la CMP, la Compagnie du Métro Parisien, et dans la Résistance, il a, dit-il, prévenu à temps des personnes (juifs, résistants ?) sur le point d'être arrêtées. Un jour il me montre fièrement un vieux vélo, couleur verdâtre, rangé dans le grenier des grands-parents à Nogent et qu'il a souvent utilisé, m'explique-t-il, pour une activité de « courrier » au service d'un réseau quelconque… dont je ne me souviens même pas qu'il m'ait donné le nom. Au moment de l'insurrection qui précède la Libération de Paris, en août 1944, Louis disparaît plusieurs jours. Le moins qu'on puisse dire, c'est que ça n'est pas dans ses habitudes ! Ma mère, affolée, court d'un commissariat à l'autre pour essayer d'avoir des nouvelles. Finalement elle le croit mort. A son retour, trois ou quatre jours plus tard, il explique cette disparition par sa participation aux combats et notamment à la prise de la préfecture de police de Paris où il s'était, dit-il, retranché avec d'autres résistants. A-t-il vraiment, comme il l'affirmait, participé à cette action héroïque à la Préfecture ? C'est tout-à-fait possible. En tout cas pendant ces quelques journées il a certainement risqué sa vie.

Aujourd'hui comme à cette époque, je me sens totalement incapable de faire la part du vrai et du faux dans ces récits d'un homme, mon père, dont la vantardise naïve m'a si souvent agacé et rendu probablement injuste. Agacé même au point d'avoir un peu honte de lui un peu plus tard en l'entendant narrer avec naïveté non plus seulement ses hauts faits de résistant mais aussi ses exploits sportifs et ses qualités d'athlète... J'avais alors cessé depuis longtemps de le considérer comme un modèle indépassable...

En tout cas, Louis était effectivement titulaire d'une médaille de la Résistance et d'une carte de résistant et à l'occasion les montrait avec fierté... Il se plaignait fréquemment aussi que ses mérites aient été si peu récompensés alors que tant d'autres, qui n'avaient pas fait grand-chose, s'étaient fait « mousser » et avaient réussi à passer pour des héros... « Moi, disait-il avec le plus grand sérieux, on m'aurait donné tout de suite la légion d'honneur si je l'avais demandée. Mais quand on m'a parlé de faire une demande, je les ai envoyés promener. ... » Connaissant son goût pour les honneurs, son besoin aigu d'être reconnu, je n'en crois évidemment pas un mot.

Ce qui est vrai, c'est qu'il en avait probablement fait plus que certains « légionnaires d'honneur »... mais c'est là une autre histoire !

Les juifs

Dans l'après-guerre, il arrive exceptionnellement à mon père de tenir des propos antisémites. Rien d'obsessionnel, cependant. Plutôt un vieux fonds d'antisémitisme, de racisme « ordinaire », venu de très loin et qui ne ressort Dieu merci que très rarement., à l'occasion d'une contrariété ou d'un agacement quelconque lors d'un conflit personnel aigu avec l'un de ses supérieurs hiérarchiques appartenant ou supposé appartenir à la communauté. Il est pourtant très possible, et même probable, que pendant l'Occupation, il a pris des risques pour sauver de l'arrestation des juifs aux pires moments, comme il le laisse entendre parfois. « J'en ai prévenu plus d'un juste à temps ! ». Je n'ai retenu que cette toute petite phrase. A ma grande honte, je dois avouer que lorsque mon père évoque dans les années d'après-guerre son activité et ses exploits de résistant, je n'écoute que d'une oreille…

Je crois bien ne l'avoir jamais entendu non plus commenter les horreurs de la shoah ou s'en indigner. Mais il faut replacer les choses dans leur contexte : dans l'après-guerre personne ou presque ne s'intéresse vraiment au grand massacre du XXème siècle et aux victimes, sinon parfois pour condamner la sauvagerie des allemands, considérés tous comme des nazis. La persécution des juifs, ça concerne les « boches » ; les français n'ont rien à voir avec ça, c'est évident… Quant aux survivants eux-mêmes, telle Rachel, l'amie couturière de ma mère (j'en reparlerai), ils font profil bas et semblent même souhaiter se faire oublier…

Pourtant mes parents, comme toute la population du quartier, n'auraient pu prétendre n'avoir rien vu. Parce qu'il y a alors dans le douzième arrondissement pas mal de juifs, la plupart de condition modeste, comme le reste des habitants… Et tout le monde est forcément au courant des persécutions. Un jour, d'ailleurs, (je ne saurais dire à quelle occasion il fait allusion à cet épisode dramatique), un jour, donc, mon père assiste, de la fenêtre de notre appartement à une grande rafle. De son bref récit, je n'ai retenu que quelques mots : « Ils [les juifs] arrivaient de tous les côtés avec leur petit baluchon...Ils étaient tous regroupés au bas de la rue Montgallet [c'est-à-dire à l'angle de la rue Montgallet et de la rue de Charenton, à quelques dizaines de mètres de l'endroit où nous habitons] … ». Il s'agit probablement de la grande « rafle du Vel-d'Hiv » effectuée par la police française en juillet 1942 mais il y en eut d'autres, moins spectaculaires. Mon père, lui si fier de sa carrière de résistant, évoque le drame d'un air sombre mais, autant que je m'en souvienne, ne fait ce jour-là aucun commentaire sur cet événement dramatique.

Des juifs, mes parents en connaissent, bien sûr, personnellement : et d'abord, Rachel, l'ex-collègue de ma mère dans je ne sais plus quelle maison de couture. Je raconterai plus loin comment nos promenades en famille du jeudi nous conduisent plusieurs fois chez elle, rue Claude-Decaen, à côté de la place Daumesnil. Cette jeune femme est, je crois, un bon exemple de l'état d'esprit de beaucoup de français, juifs ou non, juste après la guerre : elle a épousé un catholique et elle s'est empressée de faire baptiser ses deux enfants pour, explique-t-elle ingénument, les protéger de possibles futures persécutions. Parce qu'elle en est persuadée, « tout ça recommencera sûrement tôt ou tard ! ». Le « tout ça » suffit alors à désigner les millions d'assassinats dont ses coreligionnaires ont été victimes : une expression un peu elliptique, celle de Rachel, mais à la fin des années 1940, on n'avait pas encore inventé de nom pour la shoah et de toute façon, je l'ai dit, le grand massacre n'était même pas un vrai sujet de conversation... Rachel précise tout de même qu'elle n'a pas informé du baptême de ses enfants son vieux père... qui, « s'il était au courant, serait très choqué », explique-t-elle...

Autre « connaissance » juive (le mot « relation » serait très exagéré !) de ma mère : un couple relativement âgé qui habite dans un immeuble situé presqu'en face du nôtre (un immeuble de qualité convenable et qui, comme le 194, échappera logiquement, lui aussi, aux démolitions des années 1960 ou 1970). Ce couple a perdu sa fille unique qui a été déportée. Selon la version rapportée à l'époque par ma mère, la malheureuse jeune fille ne portait jamais une étoile jaune, un accessoire alors absolument obligatoire, et dont l'absence sur le vêtement était punie par une déportation immédiate. Toujours selon la version de ma mère, elle avait été dénoncée par un amoureux éconduit. Je devais avoir cinq ou six ans au plus quand j'ai entendu pour la première fois cette histoire d'étoile et d'amoureux qui m'a semblé, bien sûr, un peu bizarre... Raison pour laquelle, peut-être, je ne l'ai jamais oubliée !

6

Une éducation sans failles

Contrôle… et isolement

Pendant toute notre enfance ma mère s'occupe de ses deux enfants, Monique et moi, avec beaucoup de soin et d'attention… Soin et attention, c'est le moins qu'on puisse dire ! Traitée parfois avec peu d'égards par son mari, en conflit larvé (ou parfois ouvert !) avec ses deux beaux-enfants (Solange ne quittera le toit familial qu'au tournant de 1947/1948 et Pierrot habitera provisoirement chez nous jusqu'au milieu de l'année 1948), nous deux au moins, c'est-à-dire Monique et moi, elle nous a bien en mains. Et elle ne se plaint pas du tout, au contraire, que son époux ne s'intéresse guère à notre éducation et soit à cette époque un père un peu lointain. Elle aurait bien aimé nous mettre à l'école privée catholique de la rue de Reuilly mais c'était une dépense relativement importante et mon père a opposé son veto. Il a décidé (peut-être pas seulement pour des raisons financières, d'ailleurs ; en fait je n'en sais rien…) que l'école communale, gratuite, laïque et obligatoire était le meilleur choix. Elle qui pourtant serait prête à n'importe quelle dépense dès qu'il s'agit de notre éducation, de nous donner une chance d'ascension sociale, malgré cela elle s'est inclinée, probablement sans discuter.

Pendant toute notre petite enfance, littéralement elle ne nous perd pas de vue. Alors que dans le Paris d'après-guerre beaucoup d'enfants du quartier populaire où nous vivons vont déjà à l'école maternelle dès trois ou quatre ans, ça ne sera pas notre cas. « Quelle chance vous avez », déclare-t-elle souvent avec conviction, « de rester au chaud le matin à la maison alors que tant d'enfants dont la mère travaille (elles ne sont sans doute pas la majorité mais il y en a tout de même un assez grand nombre dans ce quartier modeste où nous habitons) doivent se lever très tôt, hiver comme été, pour aller à la « petite école » ou à une garderie quelconque ! » On en frémit, en effet...

Mais à six ans, l'âge de la scolarité obligatoire, force est de lâcher un peu la bride. Nous voilà donc enfin, Monique et moi, un peu sortis du cocon familial... Mais finalement pas tant que ça ! Car selon ma mère, un élément essentiel de la stratégie qui doit permettre à ma sœur et à moi de « réussir » à l'école est d'éviter les mauvaises fréquentations. Quitte à n'en avoir aucune, bonne ou mauvaise, de fréquentation... en dehors bien entendu du cadre strict de l'école ou, plus tard, du catéchisme ! Et de fait, à part les périodes de vacances de Pâques ou d'été -où nous habitons chez les grands-parents maternels à Nogent-, le reste du temps, à Paris, nous ne fréquentons guère d'autres enfants. Nous n'en côtoyons qu'à l'école ou au catéchisme. Il n'est pas question d'inviter d'autres enfants à la maison (Pour quoi faire, en effet ?) et les activités « périscolaires » ou sportives n'existent pas, en tout cas pas pour nous. A partir de neuf ou dix ans, il y a bien le « patronage », sorte de garderie du jeudi après-midi, organisée et soigneusement contrôlée par les curés, qui sont encore, bien sûr, une puissance à l'époque, mais ma mère ne m'y enverra que très exceptionnellement : le jeudi après-midi est en principe consacré à une rituelle promenade en famille.

Avant comme après notre entrée à l'école primaire, disons jusqu'à l'adolescence ou presque, ma sœur Monique sera donc, en dehors des heures d'école, mon unique compagnon de jeux ou à peu près. Nous étions alors très attachés l'un à l'autre. Je me souviens d'ailleurs d'avoir ressenti un manque lors de ses absences forcément très rares. Mais je crois bien aussi que, comme deux prisonniers partageant la même cellule, nous avions parfois un peu de mal à nous supporter, ma sœur et moi... (Je caricature beaucoup, ça va sans dire !)

Quant à jouer dans la rue, il ne faut même pas y penser : certes dès l'âge de sept ou huit ans, nous rentrons seuls de l'école ou du catéchisme et on en profite parfois pour traîner un peu mais mieux vaut ne pas trop s'attarder en chemin car tout retard important non justifié serait sévèrement puni. Pas question, en effet, que nous goûtions au « sirop de la rue », que nous allions y traîner comme l'ont fait Solange et Pierrot, les deux premiers enfants de mon père.

*
***

Normal sans doute que dans une grande ville avec tant de dangers, de tentations, une mère soit attentive et prudente. Mais le soin qu'elle prend à nous tenir à l'œil, à exercer sur nous un contrôle permanent, tourne parfois à l'obsession. Il a souvent comme conséquence de nous isoler des autres enfants et il se prolongera très tard. Ainsi lorsqu'à onze ans j'entrerai en sixième au lycée Charlemagne, dans le Marais, il me sera strictement interdit, les jours de congé, de rejoindre mes nouveaux camarades dont la plupart venaient de quartiers nettement plus bourgeois que le nôtre. A ce propos, je dois avouer qu'en début d'année scolaire je n'avais pas été très futé. Un jeudi après-midi, j'avais obtenu la permission de rejoindre mes tout nouveaux « copains ». Au retour, à la question posée par ma mère : « Qu'avez-vous fait ? », j'avais répondu que nous avions joué, une partie de l'après-midi, dans un jardin public, du côté de la Place de la Nation. « Sans la surveillance d'un adulte ? » avait demandé ma mère, déjà alarmée. « Ben oui ! Ils ont l'habitude, ils font ça tout le temps ! » Je suppose que ma mère en frémit intérieurement. En tout cas le jeudi suivant, alors que je m'apprêtais à sortir, une interdiction formelle et définitive me fut signifiée. Je fis une scène et mon père (c'était sa pause déjeuner) intervint mais pour confirmer la décision maternelle : en fait il n'avait pas d'opinion personnelle sur le sujet ; il avait délégué depuis longtemps à ma mère l'éducation des enfants ; il avait d'autres chats à fouetter...

Ainsi à l'adolescence, et au moins jusqu'à l'âge de quatorze ou quinze ans, où la bride me fut un peu lâchée, je ne fréquenterai pas plus les enfants de la bourgeoisie que je n'avais fréquenté ceux des employés du douzième arrondissement. Mais peut-être à cette époque, avais-je déjà, alors, un peu perdu l'envie ou le talent de fréquenter mes semblables...

Le martinet... et sa disparition

Je reviens un peu en arrière, sur les années qui suivent immédiatement la toute petite enfance et précèdent l'adolescence, disons entre quatre et dix ans.

Dans cette période, je donne sans doute à ma mère beaucoup d'occasions de s'énerver. Et elle use alors assez fréquemment avec moi d'un instrument sans doute assez en vogue à l'époque : un martinet. Je crois que ce curieux engin, quasiment disparu aujourd'hui (hors des milieux sado-maso), mérite qu'on s'y attarde un peu

Celui utilisé par ma mère est un petit fouet dont les lanières de cuir à section carrée sont longues, si ma mémoire n'est pas trop défaillante, d'au moins 50 centimètres. Bien entendu la cible à atteindre n'est pas le dos : même dans les années 1940 et 1950, où on ne fait pas dans la dentelle en matière de discipline, fouetter un enfant de cette façon eût été considéré comme de la maltraitance et socialement condamné. Par contre, maniées avec dextérité en visant bien les mollets (à l'époque on porte des culottes courtes jusqu'à onze ou douze ans au moins), les lanières remplissent parfaitement leur fonction qui est de faire mal sans risque de blesser. A entendre ma mère qui a le sens de l'euphémisme, les lanières auraient même un effet bénéfique puisqu'elles « fouettent le sang ».

Bien entendu moi je ne vois pas les choses tout-à-fait de la même façon. Souvent des courses-poursuites s'engagent entre elle et moi dans le petit appartement. Pour échapper au châtiment, probablement mérité, je bats parfois des records de vitesse autour de la table de la « salle à manger », seul endroit de l'appartement où il est un peu plus difficile de me coincer... Je ne fais que retarder la punition, faut-il le préciser, car Geneviève est une femme tenace ! De temps en temps ma sœur Monique a droit comme moi à une petite claque mais elle échappe au fouet et aux fessées occasionnelles. Parce qu'elle est sans doute plus docile, moins coléreuse mais aussi, probablement, parce qu'on ne peut décemment s'attaquer aux jambes longtemps plâtrées d'une enfant mal remise d'une très sévère luxation de hanche.

Mais je reviens sur ce martinet familial qui a toute une histoire. Que voici…

Je réussis un jour, à l'âge de neuf ou dix ans, je ne saurais dire exactement de quelle façon, à mettre la main sur le petit fouet. N'ayant déjà à cette époque aucun sens pratique, j'essaie d'en arracher quelques lanières en tirant dessus comme un malade. Peine perdue : cette saloperie d'engin était probablement une fabrication « qualité d'avant-guerre », comme disaient les « réclames » de l'époque. Ne disposant d'aucun instrument pour sectionner ces foutues lanières, et incapable d'imaginer comment faire disparaître le truc dans un appartement plutôt exigu, j'étais complètement coincé.

Ma sœur Monique était bien entendu dans les parages. Elle n'était pas directement concernée mais il y avait à l'époque entre nous une véritable solidarité qui, hélas, a disparu à l'adolescence. Je suis à peu près sûr que c'est elle qui eut l'idée -une idée qui sur le moment me parut géniale !- de mettre le martinet… dans le poêle à charbon, celui que nous utilisions en cas de grand froid pour chauffer la « salle à manger/chambre à coucher ». Les circonstances étaient favorables : le poêle était éteint mais une petite quantité de charbon y restait toujours et suffisait largement pour dissimuler l'engin. Le sort du martinet (et peut-être aussi le mien, mais dans quel sens, c'était tout le problème !) paraissaient définitivement scellés.

Dans les semaines et les mois qui ont suivi, je me souviens d'avoir tremblé que notre forfait soit découvert avec les conséquences qu'on pouvait imaginer : la vengeance du martinet ! Mais le temps (et surtout l'hiver !) ont passé ; le poêle a été utilisé à plusieurs reprises… Et, chose vraiment bizarre, non seulement ma mère n'a plus une seule fois menacé de me fouetter mais elle n'a jamais évoqué la disparition du martinet. J'ai fini par penser que le truc avait été réduit en cendres et que ma mère avait renoncé à le retrouver. Tout de même c'était un peu angoissant qu'elle n'y ait jamais fait la moindre allusion… Quoi qu'il en soit, peu à peu le souvenir de cette histoire s'est sinon effacé de ma mémoire, au moins rangé au fin fonds du fatras qui en tient lieu...

Fin de l'histoire du martinet ? Eh bien, pas du tout !

Le retour du martinet

Après le départ en retraite de mon père, en 1968 ou 1969, mes parents s'étaient retirés à Nogent le Rotrou, rue de Ruet, dans la maison familiale construite en 1900 par mon arrière-grand-père, le maréchal-ferrant. Ils ne passaient plus que les mois d'hiver dans l'appartement de la rue de Charenton. C'est ainsi qu'en 2001, quelques semaines après le décès de ma mère, -et donc environ un demi-siècle après la disparition du martinet !- nous nous sommes retrouvés à Nogent, ma sœur Monique et moi, accompagnés de nos conjoints respectifs, pour vider la maison familiale de Nogent avant de la mettre en vente.

Alors que je farfouillais dans un tas de bricoles à trier (vider la maison ou l'appartement de ses parents décédés fait partie des expériences les plus déprimantes…), j'ai vu surgir ma sœur, brandissant… le martinet qu'elle venait de dégotter au fond du placard à balais de la cuisine ! « Regarde ce que j'ai trouvé ! ». L'instrument m'a paru encore plus redoutable que dans mon souvenir avec ses longues et (très) solides lanières de cuir en parfait état. C'était vraiment de la qualité d'avant-guerre : « Regarde, hein, tu as vu ça, qu'est-ce que tu en dis de ça, hein ? » s'est-elle à peu près exclamée en me tendant l'engin. A ce moment le visage de Monique exprimait un curieux mélange de triomphe et d'amertume. Comme si cet objet d'une méchanceté affichée et grotesque lui donnait raison. C'est que depuis plusieurs années, Monique ne supportait plus notre mère. Moi je me suis souvent conduit plutôt mal, voire très mal, vis-à-vis de ma mère, surtout dans son grand âge, mais aux critiques émises par ma sœur la concernant, j'opposais un silence valant désapprobation.

En me tendant l'engin de torture, évoquant irrésistiblement les pratiques sado-maso, Monique me disait en substance : « Si tu as besoin d'une preuve de ce dont notre mère était capable, la voilà la preuve ! ». Et aussi peut-être (mais là, j'en suis moins sûr) : « ça devrait te rappeler quelque chose, cette saloperie : à l'époque, on faisait équipe tous les deux, tu devrais t'en souvenir. Et si on n'est pas devenu complètement dingues dans ce petit appartement merdique, dans cette famille merdique, c'est parce qu'on se soutenait. D'ailleurs moi, Monique, j'osais tenir tête aux parents, leur dire leurs quatre vérités bien plus et bien mieux que toi ! [En gros, c'était vrai !]. Je n'ai jamais été une grosse tête en français ou en latin, moi, [continuait-elle, du moins dans mon imagination…] mais quand on était gamins je t'ai souvent défendu, aidé, par exemple quand ce gros porc de chanoine s'est acharné sur toi [ça aussi, j'en parlerai !] ou quand Maman voulait te filer une râclée. Pourquoi ensuite, m'as-tu laissé tomber, humiliée même… Tu étais tellement fier de tes brillants, soi-disant brillants résultats scolaires et moi j'étais la petite minable ; tout juste si on se rappelait que j'existais, il n'y en avait que pour toi, le génie du thème latin… Et un peu plus tard, pourquoi as-tu préféré m'ignorer et frimer avec ta petite bande de prétentieux du lycée ? »

Moi, à cette dure et silencieuse interpellation (imaginaire aussi... mais peut-être pas tellement que ça) je n'ai pas répondu. A quoi bon ? Quand je sens que j'ai fait une grosse, une très grosse connerie, même si elle date du fond des âges, je ne m'accorde jamais le pardon. Reste d'une éduction chrétienne (très) mal assimilée ou bien tendance sado-maso très prononcée ? Qu'en sais-je et au fond peu importe. Les faits sont ce qu'ils sont (en tout cas pour moi) et on ne revit pas sa vie. Bref je me mettais à sa place et j'estimais qu'au moins sur un certain plan Monique avait tout-à-fait raison. Et que les grandes humiliations, les petites trahisons ne se pardonnent ni ne s'oublient. C'était vrai pour moi alors pourquoi pas pour ma sœur ?...

Donc j'ai pris l'engin sans dire un mot, je l'ai regardé bêtement un instant, juste un instant : cinquante ans après, elles me fascinaient encore ces lanières ! Et ça me brûlait un peu les doigts, ce truc... Sans hésiter davantage, je l'ai lancé dans un tas de saloperies (vieilles valises, vêtements hors d'usage, vieux récipients et vieux cartons...) que nous avions réunies dans la cour de la maison pour les envoyer à la décharge. En une seconde ou deux, on s'était dit beaucoup de choses, ma sœur et moi...

Fin de l'histoire du martinet (cette fois-ci pour de bon) !

Mais une fois passée l'émotion, une fois le martinet enfin disparu pour de bon, je n'avais pas fini de gamberger. Tout seul, cette fois. J'essayais de mettre mes idées en ordre. De ma sœur, mes pensées s'étaient déplacées vers ma mère. Ou plutôt vers une énigme :

pourquoi ma mère, cinquante ans plus tôt, retrouvant son petit fouet au fond d'un poêle (!), jugeant peut-être à cette occasion que je n'avais plus l'âge adéquat pour ce genre de punition (neuf ou dix ans peut-être ?) pourquoi l'avait-t-elle mis au rancart, comme si de rien n'était, sans y faire la moindre allusion devant moi... Mis au rancart, donc... mais pas jeté ! Et non seulement pas jeté mais probablement rangé soigneusement dans une valise pour le transporter de Paris à Nogent-le-Rotrou... puis déposé soigneusement au fond d'un placard... J'aurais voulu comprendre, *la* comprendre !

Avait-elle éprouvé, en retrouvant ce truc quelques dizaines d'années plus tôt, une sorte de remords et jugé qu'il valait mieux oublier tout ça ? Si c'était le cas, ça pouvait expliquer qu'elle n'ait jamais fait la moindre allusion à mon forfait. Mais alors pourquoi avait-elle si soigneusement conservé l'engin ? Avait-elle pensé que ça pourrait servir un jour ou bien qu'à l'occasion elle le donnerait à quelqu'un ? Mais servir à quoi et donner à qui ? A l'époque où je l'avais glissé dans un poêle, les fouets ne faisaient déjà plus que rarement partie de l'arsenal des éducateurs (ou plutôt des éleveurs) d'enfants. Et je n'imagine pas une seconde ma mère offrant cet instrument à des adeptes du sado-masochisme !

L'explication est sans doute bien plus simple : Jeter un ustensile de bonne qualité, quel qu'il soit, et même totalement inutile, était pour une femme de son milieu et de son époque, une décision difficile à prendre. Et une fois l'objet rangé, elle n'y avait plus pensé... même si de temps en temps, forcément, elle devait bien l'apercevoir dans le petit placard à balais de sa cuisine...

Comme quoi un petit objet, probablement banal à l'époque dans les familles (un peu moins, sans doute aujourd'hui !) peut vous entraîner loin dans la réflexion... Et vous traumatiser un peu. A propos de traumatisme et de châtiment, je dois dire que la plus dure punition infligée par ma mère, et qui m'obséda pendant toute ma petite enfance, ce ne fut pas ce dérisoire petit fouet, ce fut une menace récurrente. Récurrente probablement parce qu'elle était alors très efficace : à la moindre incartade un peu sérieuse, j'étais menacé d'être mis « en pension ». Pour rendre la menace plus crédible, le nom de cette terrible institution m'était à chaque fois précisé et par-dessus le marché ma mère citait le nom d'enfants très désobéissants, qu'elle connaissait bien et qui s'y étaient retrouvés. Des enfants qui par leur faute avaient ainsi franchi les portes d'un véritable enfer. Le nom de ce terrible pénitencier, peut-être imaginaire, m'échappe aujourd'hui : un Saint quelque chose, « Saint Nicolas », je crois... Autrement dit le soi-disant protecteur des enfants ! De toute façon, c'est bien connu : les pires lieux destinés aux enfants portent presque toujours des noms de saints...

Geneviève était ainsi : inquiète pour ses enfants au premier signe d'un rhume, prête aussi à se sacrifier, à se donner corps et âme pour eux... et *en même temps* capable (sans bien sûr s'en rendre compte) de me plonger à l'occasion et à plusieurs reprises, au moins jusqu'à l'âge de cinq ou six ans, dans la terreur d'être abandonné par l'être que j'aimais le plus au monde. Pas la moindre cruauté dans tout ça, bien entendu, mais seulement un peu (ou beaucoup ?) d'inconscience : elle avait l'esprit pratique et si elle menaçait souvent et sans hésiter c'est que ça marchait, que la menace me calmait immédiatement. C'était en fait bien plus efficace et plus simple que le martinet : même pas besoin de se lancer à ma poursuite !... L'épouse bien sous tous les rapports, la mère très protectrice était à mille lieues de comprendre ce que je ressentais.

7

Les loisirs

La lecture

Dans mon relatif isolement et faute d'autres distractions, j'ai découvert assez vite quelle formidable ouverture (ou refuge ?) la lecture représente, surtout pour un individu peu doué pour les relations sociales. Et aussi, dans ce monde sans smartphone ni console de jeux, un remède irremplaçable à l'ennui !... Pour moi dès l'âge de sept ou huit ans ça sera une drogue entretenant et renforçant, comme n'importe quelle autre drogue, l'isolement du toxicomane. Pas forcément le bon moyen de me « socialiser » mais au moins je serai « bon en français ». Toute médaille a son avers et son revers…

Et donc, je lis, je lis alors tout et n'importe quoi, tout ce qui me tombe sous la main ou sous les yeux. D'abord les livres d'enfants bien sûr puis des œuvres plus ambitieuses mais souvent en version « expurgée », jugée plus accessible pour les jeunes, genre « Les Misérables » en deux petits tomes de la Collection verte. Aucun cadeau ne peut alors me faire davantage de plaisir qu'un livre. Chaque petit bouquin est pour moi un objet rare sur lequel je me jette dès que possible. En cours moyen, à neuf ou dix ans, l'instituteur nous prête des livres et je suis sans doute un de ses meilleurs clients. Je découvre, parmi beaucoup d'autres, les grands succès de l'époque : « Sans famille » d'Hector Malot, « Jacquou le croquant » d'Eugène Le Roy, « Maria Chapdelaine » ... etc… etc… Un jour je suis même puni pour avoir dissimulé un livre sous le cahier de devoir que j'étais censé compléter !

Pendant les grandes vacances à Nogent-le-Rotrou, chez les grands-parents, je lis faute de mieux la quasi-totalité des revues catholiques de la fin du 19ème siècle, découvertes (j'ai alors au plus une dizaine d'années) au grenier dans une très grande et haute armoire un peu branlante, aux portes vitrées : « les Veillées des chaumières », « l'Ouvrier »... Les romans publiés en feuilleton dans ces publications sont souvent désuets, médiocres mais peu importe, j'absorbe tout ça comme une éponge ; quant aux articles, ils fustigent les idées « de gauche », le socialisme (une invention du diable !), décrivent les communards de 1871 comme des monstres incendiaires et assoiffés de sang, surtout de celui des curés… Pour le cas, sans doute, où ces revues tomberaient entre les mains d'un ouvrier, il y a tout de même quelques conseils pratiques à l'intention du prolétariat de l'époque : ne pas boire et surtout ne pas « faire le lundi », une façon probablement assez répandue à l'époque de prolonger le repos du dimanche. Selon les auteurs de ces recommandations un ouvrier sérieux, ne cédant à aucune tentation inutile et dégradante, doit très bien s'en sortir et même faire des économies… Parfaitement : des économies ! Aucune trace par contre, dans cette grande armoire magique des œuvres de Karl Marx ou d'Engels. Qu'on ne m'accable pas si je deviens ainsi, à neuf ou dix ans, un réactionnaire convaincu sans toujours bien comprendre que je suis victime d'un bourrage de crâne systématique… Un peu plus tard, juste après mon entrée au lycée, c'est le grand journal communiste, L'Humanité, qui me tombera, si je puis dire, sous les yeux. Un autre bourrage de crâne qui, cette fois, ne m'influencera guère. Je reviendrai sur cet épisode...

Dans la même armoire du grenier, je trouve aussi tout un tas de petits romans édifiants, aux couvertures décorées de façon un peu kitsch et à la tranche souvent dorée. Ils contiennent presque toujours l'imprimatur de l'église catholique et leurs scénarios se ressemblent tous : les épouses et mères sont pieuses, dévouées, prêtes à se sacrifier pour leur famille ; elles affrontent avec courage la maladie, la ruine et tous les revers possibles et imaginables de la vie ; les pères et les enfants ont des défaillances humaines et morales un peu plus fréquentes ; ils sont parfois durement punis de leurs faiblesses mais heureusement, dans les cas les plus difficiles, il y a presque toujours un membre du clergé, vraiment admirable, qui vient à la rescousse et redresse la situation avec efficacité. Les paysans apparaissent souvent en arrière-plan dans des rôles secondaires mais plutôt sympathiques. Les ouvriers, eux, sont quasiment absents... Je n'aurai de lectures de meilleure qualité, par exemple les grands romanciers français du 19ème siècle, qu'un peu plus tard, une fois devenu lycéen, vers l'âge de onze ou douze ans.

A Paris, pendant l'année scolaire, je fais très tôt mon miel de « France-Soir », le quotidien à un million d'exemplaires et à six ou sept éditions par jour que mon père lit si consciencieusement tous les soirs en rentrant du travail puis qu'il laisse traîner dans un coin de l'appartement. Me fascinent surtout les bandes dessinées verticales de la page intérieure : « Les Amours Célèbres » à gauche de la page et « Le crime ne paie pas » à droite (ou l'inverse, en fait je ne sais plus vraiment...). J'apprends ainsi très tôt que la plupart des grands hommes de l'Histoire ont été aussi de chauds lapins et qu'un ignoble et dangereux criminel peut se cacher sous le masque d'un individu apparemment inoffensif. Je suis par ailleurs très attiré par les pages des faits divers, les histoires de crimes passionnels ou crapuleux, très actuels ceux-là, dont le journal fait ses choux gras. Il n'y a en principe pas de photos de cadavres, encore moins de restes humains, mais en compensation le lecteur a souvent droit aux portraits des protagonistes, victimes et assassins. Une sorte de garantie pour le lecteur qu'il s'agit de faits réels, que les horreurs décrites ont bien eu lieu... Une garantie suffisante en tout cas pour faire travailler l'imagination, surtout celle d'un jeune enfant, lequel éprouve sans doute peu ou prou les mêmes sensations que le jeune spectateur des films ou séries trash d'aujourd'hui.

Le jeu

Autant qu'il m'en souvienne, je joue peu lorsque je suis seul ou avec ma sœur pendant les longues heures de loisirs forcés dans le petit appartement de la rue de Charenton. Je préfère de très loin la lecture. Dans la cour de récréation de l'école ou pendant les vacances, il en va bien sûr différemment. Ne pas participer aux jeux, ce serait s'exclure de la petite société que constituent les gamins et, Dieu merci, aussi peu doué que je sois pour les relations sociales, je n'en suis pas à cette extrémité...

Je me souviens tout de même d'avoir manipulé, très jeune, seul dans le petit appartement de la rue de Charenton, des jouets (en bois comme tous les jouets de cette époque), des cubes et surtout des engins de guerre et des soldats. Un peu plus tard, j'ai passé un peu plus de temps sur un mécano puis sur un chemin de fer... Ce qui m'intéressait beaucoup plus, comme sans doute la plupart des enfants, c'étaient les « jeux de société » qui se pratiquaient avec d'autres enfants ou, plus excitant encore, avec des adultes : petits chevaux, jeu de dames, jeu de l'oie, nain jaune, Monopoly, cartes... A Paris, il s'agissait vraiment d'une activité exceptionnelle : je ne me souviens d'ailleurs pas d'avoir joué en famille une seule fois avec mes parents. Mais pendant les vacances à Nogent, nous jouions beaucoup plus, tantôt avec d'autres enfants tantôt le soir avec ma mère et mes grands-parents. J'étais très mauvais perdant sans toutefois, autant qu'il m'en souvienne, faire de grands drames en cas de mauvaise fortune. Je souffrais donc... mais en silence ! Lorsque nous les enfants, nous jouions en famille avec des adultes, il n'était d'ailleurs pas question qu'on laisse gagner les enfants... L'époque de l'enfant-roi était encore à venir !

Quoi qu'il en soit, je crois pouvoir dire que le jeu n'a jamais eu beaucoup d'importance dans ma vie, y compris dans mon enfance... Non que cette activité m'ait indifféré. Mais le très mauvais perdant que j'étais supportait mal le sentiment d'impuissance, d'échec qu'il éprouvait... Et si, encore très jeune, j'ai souvent tourné le dos à cette activité, je suppose (l'hypothèse vaut ce qu'elle vaut !) que c'était pour me protéger, m'éviter humiliations ou déceptions inutiles... Mon tempérament n'était certes pas celui d'un lutteur...

8

Une journée ordinaire chez les Colin à la fin des années 1940

Matin….

Dans la semaine on est pressés et, en guise d'ablutions, on se contente d'un bref coup de « gant de toilette » sur le visage. D'autant plus que le seul point d'arrivée d'eau de l'appartement est le robinet d'eau froide de la cuisine et qu'on se marche un peu sur les pieds dans cette petite pièce où se prend aussi le petit déjeuner. Pour se laver confortablement, il faudrait d'ailleurs faire chauffer de l'eau dans une casserole : une entreprise qui prend du temps et dans laquelle on ne se lance -si tout va bien- que le dimanche matin. Le jeudi matin, jour sans école où nous aurions plus de temps, il arrive même qu'il n'y ait pas de toilette du tout car l'évier et le robinet de la cuisine sont mobilisés de bonne heure pour la lessive hebdomadaire... Quant au lavage des dents et des cheveux il n'est pratiqué qu'à une périodicité très aléatoire.

Nous ne fréquentons pas les douches municipales. Pourtant elles sont juste à côté de l'immeuble et à cette époque ces équipements fonctionnent bien. Des queues se forment tous les samedis pour y accéder, chacun portant sa petite serviette et son savon sous le bras... On y voit surtout des célibataires masculins (en particulier des travailleurs maghrébins, encore relativement peu nombreux, pourtant, dans les premières années d'après-guerre). Quant à moi, je ne fréquenterai ces installations que beaucoup plus tard et très rarement : j'ai toujours détesté faire la queue et le temps dont on y dispose alors pour prendre une douche me semble trop limité...

Ce petit exposé pourrait surprendre mais je ne voudrais pas donner l'impression que notre famille était particulièrement négligente sur le plan de l'hygiène. Les normes et les usages n'étaient évidemment pas ceux d'aujourd'hui, les équipements des habitations non plus. Chacun se débrouillait comme il pouvait... Et nous avons tous survécu !

*
***

Le petit déjeuner se compose d'un bol de chocolat (marque : Banania), une tartine et, éventuellement, une grande cuillérée à soupe du « fortifiant » très à la mode, l'illustrissime huile de foie de morue » au goût acre et persistant.

Chaque matin, le premier à quitter l'appartement est mon père. C'est, on le sait, un travailleur acharné. Du lundi au vendredi, de huit heures du matin à sept heures du soir, il est à son bureau qui n'est qu'à un peu plus d'un quart d'heure à pied de son domicile. Il prend tout de même le temps de rentrer déjeuner chez lui : une pause d'environ une heure et quart/ une heure et demie, le trajet aller et retour représentant entre une demi-heure et trois quarts d'heure. Rentrer déjeuner à la maison est pour lui un luxe dont il ne se passera jamais... Le samedi il rentre déjeuner un peu plus tard mais ne retourne pas au bureau.

Monique et moi, nous partons à l'école vers 8 heures/8 heures et quart. Dix minutes de marche à pied jusqu'à la rue Bignon, derrière la mairie du douzième arrondissement. Dès l'âge de huit ou neuf ans, nous faisons seuls les trajets. La seule partie un peu dangereuse, c'est la traversée de l'Avenue Daumesnil. La circulation automobile est évidemment beaucoup plus réduite qu'aujourd'hui mais à l'époque il n'y a à cet endroit aucun feu de signalisation et les « passages cloutés », d'ailleurs très peu visibles, ne sont guère respectés par les automobilistes… dont beaucoup conduisent de façon encore plus dangereuse qu'aujourd'hui. Nous suivons de près la règle de base qu'on nous serine à l'école et qui est de ne traverser qu'après avoir vérifié que la voie est libre, en regardant d'abord à gauche puis à droite.

Midi…

Les deux heures à peu près dont nous disposons le midi se décomposent pour moi en deux périodes… Je consacre la première heure à la lecture. C'est souvent le meilleur moment de la journée. Quand je ne comprends pas un mot, je m'adresse à ma mère qui me sert en quelque sorte de dictionnaire. Parfois, s'il y a du soleil, je me mets à la fenêtre et je me livre à un duel avec un camarade de classe qui habite en face de chez nous : muni chacun d'un miroir, nous essayons de nous éblouir réciproquement. Notre appartement étant exposé au Nord, il dispose d'un net avantage...

Quand mon père arrive, vers midi et demie, il faut se mettre à table sans perdre une minute. Mais mon père prend tout de même son temps pour manger confortablement le repas copieux, varié, que ma mère a préparé. En général, lorsque ma sœur et moi nous repartons pour l'école vers une heure et quart, il finit tranquillement de boire son café.

… et soir

L'école se termine à quatre heures et demie. Ma mère veille de très près à ce que les devoirs soient bien faits. Elle est toujours disponible, toujours prête à aider, quels que soit la matière ou l'exercice. Pour elle, tout ce qui touche de loin ou de près à l'école est sacré. Moi j'ai toujours beaucoup de mal à me concentrer, à m'organiser. Je traîne longtemps avant de me mettre au travail. Je triche parfois en cachant un bouquin sous mes cahiers de devoir. Le résultat est que j'ai rarement fini avant le dîner. Pendant ce temps ma mère continue les travaux de couture qui l'ont déjà occupée l'après-midi. Généralement elle n'entreprend vraiment la préparation du dîner qu'après l'arrivée de mon père. Elle sait qu'elle disposera d'au moins une demi-heure car Louis ne dérogera jamais à son habitude de lire chaque soir, en rentrant du travail, son « France-Soir », le journal qu'il vient d'acheter et qu'il déplie sur la table de la salle à manger. Il n'en rate aucune rubrique.

Il rentre toujours vers sept heures/sept heures et demie. Un peu avant sept heures, Geneviève interrompt quelques secondes ses travaux de couture pour « mettre la table » dans la cuisine où nous allons dîner. Comme je m'étonne, un jour, de cette curieuse habitude (nous ne dînons que vers huit heures et la préparation du repas ne lui prend qu'une petite demi-heure) elle m'explique, l'air amusé, qu'elle suit ainsi un conseil de sa belle-mère, la « grand-mère Colin » : « Peu importe, Geneviève, lui a dit l'ancêtre, que tu aies ou non le temps de préparer le repas avant que ton mari arrive. Mais pense toujours à mettre la table. Ça te prend seulement quelques secondes et lui, ça lui fait une bonne impression. » Ainsi rusent les femmes qui subissent sans se plaindre la domination masculine... Entre ma mère et ma grand-mère paternelle, la vieille bretonne qui a connu tant de jours difficiles, le courant passe d'ailleurs bien. Respectant l'usage, ma mère vouvoie sa belle-mère qui par contre passe quelquefois du « vous » au « tu » dans la même phrase... Les deux femmes s'estiment réciproquement. Malgré la différence de génération et d'origine sociale, elles ont à peu près la même conception de la vie, la même acceptation de leur condition, la même résignation. Il n'y a par ailleurs aucune rivalité entre elles : Louis est un fils respectueux et fidèle à ses devoirs mais il ne montre pas plus de tendresse ou de proximité avec sa mère qu'avec sa femme.

Chaque soir, en arrivant du travail, mon père commence par retirer son beau costume, réservé aux horaires de bureau. Il le range avec soin, puis il enfile un incroyable pantalon troué, rapiécé et usé jusqu'à la corde (et qui ne tient, je crois bien, qu'avec une ficelle !). A ce moment de la journée, de ce qui s'est passé en son absence, et qui pourrait poser le moindre problème, il ne veut rien savoir. Car la lecture de son journal, juste avant le dîner est un moment de détente rituel et sacré. Pas question que ma sœur ou moi nous l'importunions avec nos devoirs scolaires qui ne sont vraiment pas son affaire (ma mère est, il est vrai, toujours à notre entière disposition pour ça). Et de toute façon, à moins qu'un événement dramatique ne soit survenu, mieux vaut ne pas le déranger pendant qu'il tourne lentement les pages de son « France-Soir ». Ma mère ne lui fera éventuellement un compte rendu de la journée que plus tard. Par exemple pendant le dîner ou après le coucher si le sujet ne doit pas être abordé devant les enfants.

Tout en dinant (souvent au-dessous du linge qui sèche, suspendu au plafond) on écoute les informations à la radio. Après les informations, il y a en général une courte émission de divertissement. Par exemple un épisode de « La famille Duraton », un feuilleton interminable, censé décrire avec humour la vie et les travers d'une famille française. Et à condition qu'il n'y ait pas école le lendemain, par exemple le mercredi soir ou le samedi soir, on pourra profiter éventuellement, après le repas, d'un reportage ou d'une « pièce radiophonique ».

Toutefois après le décès de ma grand-mère paternelle en 1952 puis après celui de mon grand-père maternel en 1955, à chaque fois nous cesserons d'écouter la radio, même pour les bulletins d'information, pendant une durée d'environ six mois. C'est la période du deuil, le délai de décence à respecter pendant lequel on porte un petit bandeau noir au revers du vêtement, on ne va pas au cinéma ou au spectacle et on n'allume pas non plus cet instrument de folle distraction qu'est la radio du début des années 1950... Pendant plusieurs mois, il faudra donc se passer de l'inusable « famille Duraton » et des informations radiodiffusées... Pour le cinéma ou les spectacles en général, la période de deuil se remarque à peine (on ne « sort » que très rarement). Mais la radio nous manque un peu et le jour où mon père décide d'allumer le poste pour la première fois depuis des mois est un grand jour à marquer d'une pierre blanche...

Radio ou pas, vu l'heure tardive du diner, la soirée s'achève à peu près en même temps que le repas. Ma mère fait la vaisselle sur le petit évier. On traîne un peu avant d'aller au lit mais il n'y a pas de télévision qui retarderait indûment l'heure du coucher. Pas de salle d'eau non plus, d'ailleurs, pour un éventuel lavage des dents ou du reste de notre anatomie !

Les beaux jeudis

Le jeudi, jour sans école, la matinée est en principe consacrée aux devoirs ou au catéchisme et l'après-midi à une rituelle promenade avec ma mère.

Il y a plusieurs itinéraires possibles : l'un consiste à faire le tour de la gare de Reuilly : le bâtiment de la gare est toujours là (peut-être même est-il aujourd'hui un « bâtiment historique » !) mais le chemin de fer a disparu et l'énorme espace où manœuvraient les locomotives à vapeur est devenu aujourd'hui un grand espace vert surmonté de la passerelle dite de la « coulée verte ». Mais du vert, à l'époque, il n'y en avait pas beaucoup. La promenade autour de la gare était quand même bien sympa : on remontait l'Avenue Daumesnil jusqu'aux escaliers conduisant à la rue de Reuilly (je crois bien qu'ils ont disparu quand tout ce quartier a été « restructuré » dans les années 1970 et 1980). Arrivés en haut des escaliers, on tournait à gauche et presque tout de suite s'offrait le meilleur moment de la promenade : d'un côté, sur la gauche, on avait une vue plongeante sur tout le site de la gare de Reuilly et sur le lacis des voies ferrées où avec un peu de chance on pouvait admirer des trains passant ou manœuvrant ; et de l'autre côté de la rue se trouvait l'atelier du maréchal ferrant qui jusqu'au début des années cinquante avait toujours fort à faire puisque dans ces années d'après-guerre les chevaux concurrençaient à nouveau dans les rues de Paris (mais pour très peu de temps) les camions à moteur.

Mais il y avait une autre promenade, plus ambitieuse. Elle consistait à aller jusqu'au Bois de Vincennes : c'était beaucoup plus loin, presque l'aventure ! On remontait d'abord l'incontournable avenue Daumesnil jusqu'à la place du même nom (qui s'appelle aujourd'hui et depuis longtemps la place Félix Eboué... mais les lions qui trônent au milieu de la place sont toujours là). Puis on traversait la place du côté droit pour descendre, toujours en suivant l'avenue Daumesnil, jusqu'à la Porte dorée. En principe c'était plutôt une promenade du dimanche après-midi mais de temps en temps ma mère nous annonçait, le jeudi, qu'on irait jusqu'au Bois. Le problème, c'est que cette « grande » promenade se transformait parfois en piège. Parce que la maison où Rachel, la copine de Geneviève, habitait et travaillait à domicile, dans la partie haute de la rue Claude Decaen, était quasiment sur notre itinéraire, à deux pas de la place Daumesnil. J'ai déjà évoqué cette jeune couturière à domicile, ex-collègue de ma mère, qui habitait une petite maison délabrée (dans un secteur qui fut rasé pour construire des immeubles dès les années 1960/1970).

Le scénario se répéta plusieurs fois : au moment où nous arrivions sur la place Daumesnil, ma mère nous informait qu'on allait s'arrêter chez sa copine « Un instant, juste un instant, cette fois ! », nous assure-t-elle. « Pour dire un petit bonjour en passant et pour lui demander un truc pour la dernière petite robe destinée à Monique ». Mais la visite s'étirait, n'en finissait pas et les enfants de Rachel étaient beaucoup trop jeunes pour être des compagnons de jeux. Alors Monique et moi, nous traînions devant la vieille masure, observant les allées et venues dans la petite cour crasseuse et mal pavée. Une heure ou deux plus tard, ma mère nous annonçait d'un ton définitif que cette fois il était trop tard pour aller jusqu'au Bois et qu'on rentrait directement à la maison.

9

Un dimanche chez les Colin à la fin des années 1940

Matin

Le dimanche matin, on fait sur le petit évier de la cuisine une toilette un peu plus élaborée que le reste de la semaine. L'un après l'autre, chaque membre de la famille s'y met, sans qu'il y ait un ordre de passage bien défini. Ce jour-là, chacun prend même (en principe !) le temps de chauffer de l'eau sur la cuisinière ou le réchaud à gaz. En même temps qu'à tour de rôle on se prépare et on se récure ainsi du haut en bas avec le gant de toilette, on écoute à la radio les « chansonniers » (finalement pas si différents de ceux d'aujourd'hui... sans doute un peu moins « méchants » lorsqu'ils brocardent les hommes politiques) mais aussi les chansons sentimentales à la mode (rengaines souvent larmoyantes et pathétiques qui n'ont pas changé depuis l'avant-guerre, Edith Piaf étant la star incontestée dans le genre...).

En fait chaque membre de la famille ne profite vraiment que d'une partie du programme radiophonique, celle correspondant au moment où c'est son tour de procéder à ses ablutions : il n'y a pas d'autre radio que celle de la cuisine... mais les cloisons ne sont pas très épaisses et même à l'heure de la toilette les portes ne sont presque jamais fermées : les voix puissantes et souvent larmoyantes d'Edith Piaf et de ses consœurs résonnent un peu dans tout l'appartement…

Quelquefois, cette cérémonie de la toilette dominicale où l'on se succède les uns après les autres devant le petit évier de la cuisine est une occasion de contact : pendant que l'un finit de s'essuyer, le suivant prépare ses propres ablutions, chauffe un peu d'eau et commence à s'occuper des parties les moins intimes de son anatomie (on est très pudique). Ce peut être l'occasion d'un rare face-à-face entre un enfant (moi, par exemple !) et son père…

La « grand-messe » à laquelle, ensuite, nous assistons en famille dure une heure à une heure et demie. C'est un terrible moment d'ennui en langue morte : toutes les prières sans exception sont psalmodiées ou ânonnées en latin, c'est-à-dire totalement incompréhensibles. Les sermons qui pourraient communiquer un peu de vie à la cérémonie sont en général précédés de la récitation sur un ton monocorde d'un passage de l'Evangile. L'homélie elle-même consiste en un commentaire probablement tiré (on ne parle pas encore de copier/coller !) d'une documentation distribuée aux paroisses par la hiérarchie catholique. L'ensemble est d'une platitude affligeante mais de toute façon personne ou presque n'écoute. A la sortie, on fait une petite causette avec le jeune prêtre (on dit le « vicaire ») responsable direct du catéchisme des garçons et dont je suis le meilleur élève. C'est un homme sympathique, au contact assez facile. Mon père, bavard à ses heures, en profite pour exposer à sa manière sa conception de la religion et de la vie. Ce prêtre s'avèrera une relation précieuse puisque grâce à son intervention j'obtiendrai le droit de faire ma communion solennelle malgré mon comportement jugé inadmissible par le curé…

Le curé, c'est-à-dire le « boss », le grand chef de la paroisse !

Midi

Avant de quitter la cour de l'église, on achète pour moi l'hebdomadaire Cœurs Vaillants. Arrivé à la maison, sous réserve que j'ai terminé mes devoirs -qui sont bien sûr la priorité absolue-, je pourrai le lire pendant que ma mère prépare le repas. Lequel est encore meilleur, si possible, que le reste de la semaine. A partir du début des années 1950, alors que les restrictions ne sont plus guère qu'un mauvais souvenir, le plat principal est souvent le gigot/flageolets et on finit inévitablement par le « gâteau du dimanche », acheté le matin même chez le pâtissier du coin. Ma mère consacre beaucoup de temps à la cuisine et après ces années de guerre où l'on s'est serré la ceinture, on s'alimente bien et de façon très saine : la « malbouffe » sous toutes ses formes n'a pas encore fait son apparition et une grande partie des mères de famille sont des « femmes au foyer » dont on attend (par ce « on », j'entends la société dans son ensemble) qu'elle consacre à la cuisine tout le temps nécessaire.

Je suppose que beaucoup de petits bourgeois et d'ouvriers de l'époque vivent alors un peu comme nous : ils sont plutôt mal logés (souvent, d'ailleurs, bien plus mal que nous) ; ils s'habillent de façon économique (même si la mère de famille n'est pas comme la nôtre une couturière zélée et aguerrie) ; ils dépensent peu pour leurs loisirs (tout le monde ne va pas, comme nous, en Bretagne une fois par an...) mais ils s'alimentent correctement (même si au début des années 1950 beaucoup ne peuvent certainement pas s'offrir comme nous ce qu'il y a de meilleur ou à peu près).

Après quatre dures années de restrictions, c'est-à-dire de privations, la nourriture est chose sacrée et le restera toute leur vie pour ces générations qui ont connu la guerre. Bien entendu, le dimanche comme les autres jours, et quel que soit le repas, matin, midi ou soir, il n'est pas question de gaspiller, de gâcher, si peu que ce soit. Un enfant peut négocier quelquefois (quelquefois !) pour échapper à tel ou tel mets qu'il n'apprécie pas mais une fois que c'est dans l'assiette, il est hors de question, sous peine de provoquer un drame, d'en laisser même une infime partie.

Après-midi : Promenade et autres joies

Le dimanche après-midi, mon père participe à la promenade. Je veux dire qu'il ne se défile jamais... Pourtant c'est évident : il aimerait bien quelquefois rester tranquillement « glander » à la maison, à lire n'importe quoi, ou à écouter n'importe quelle émission à la radio, pendant que sa femme et sa progéniture se baladent au Bois ou vont assister -très exceptionnellement- à je ne sais quel spectacle, Dieu sait où... Il faut le comprendre : le dimanche après-midi est le seul moment de la semaine où il pourrait théoriquement se relaxer, comme il en a souvent la tentation parce qu'au fond, ce bourreau de travail est sans doute aussi un pantouflard, une sorte de paresseux refoulé comme, je crois, beaucoup d'autres « bourreaux de travail ». Depuis l'enfance, plus précisément depuis l'âge de onze ans, il ne s'est jamais accordé le droit à la paresse, parce qu'il a par-dessus tout un sens très aigu du devoir. Alors il traîne un peu quelquefois quand il est l'heure de sortir, ma mère doit faire plusieurs rappels mais finalement il est toujours là ; il n'est pas l'élément moteur, certes pas ! mais le devoir l'appelle... et il quitte le confortable fauteuil où il vient tout juste de s'installer. En avant pour la sortie dominicale !

Le but de promenade le plus fréquent est le Bois de Vincennes. Et cette fois pas question, bien entendu, de s'arrêter en chemin chez Rachel la copine de ma mère pour discuter couture ou papoter sur tout et n'importe quoi... Alors on monte l'Avenue Daumesnil jusqu'à la place du même nom (place Félix Eboué, aujourd'hui) puis, sur cette même avenue, on continue jusqu'au Bois. A la Porte Dorée, à l'entrée du Bois, nous attend la statue, raide comme un piquet et effectivement toute dorée, de la déesse Athéna. On s'arrête alors un instant pour écouter les chanteurs de rue qui s'égosillent sur les larges trottoirs bordant la place. Ils chantent « a capella » les complaintes à la mode pour attirer les chalands et leur proposer des petits livrets imprimés contenant les paroles et les notes. De nombreux badauds font cercle autour d'eux pour profiter comme nous du spectacle musical gratuit. Beaucoup moins mettent la main à la poche pour acheter les livrets... Pourtant à l'époque les jeunes et les moins jeunes qui n'ont ni baladeurs, ni enceintes acoustiques poussent eux-mêmes très volontiers la chansonnette... mais pour s'entraîner, la radio leur suffit.

Avant d'entrer dans le Bois pour faire la promenade habituelle autour du lac, on passe entre le Palais ou Musée des Colonies (côté gauche de l'Avenue) et le monument à la gloire de la fameuse colonne Marchand, autrement dit de la colonisation française en Afrique, (côté droit de l'avenue...). Aujourd'hui le Musée des colonies est devenu la Cité de l'Immigration. Et du « Monument Marchand », il ne reste, je crois bien, que le socle... mais autour de 1950, la France croit plus que jamais à son Empire dont se multiplient pourtant les signes d'un proche effondrement.

Parfois on fait aussi une vraie « sortie ». Le rythme est très réduit : quatre ou cinq fois par an, peut-être... C'est le plus souvent le cinéma : je verrai ainsi Bambi, Jeanne d'Arc, Les Dix Commandements, le Tour du monde en quatre-vingt Jours... A chaque fois, c'est un grand événement... Mon père est toujours aussi réticent pour quitter son fauteuil et se lancer dans l'aventure mais une fois sur place, il apprécie comme le reste de la famille. Quant à ma mère, pourtant d'ordinaire si sérieuse, elle est aux anges, toujours prête à s'enthousiasmer. Probablement se sent-elle revenue (ou presque !) aux jours bénits où avec ses parents, elle allait au spectacle une fois par semaine... Lorsque ma sœur et moi nous atteignons l'âge du lycée, nous ferons même de vraies « sorties culturelles » : musée Carnavalet, musée Grévin... Un dimanche après-midi nous allons voir une pièce de Molière à la Comédie Française. Je ne me souviens plus avec certitude de quelle pièce il s'agissait. Je me rappelle seulement qu'à la sortie, mon père déclare, l'air d'un homme à qui on ne la fait pas, que « tout ça n'a rien d'extraordinaire », que « beaucoup pourraient écrire ce genre de trucs s'ils l'osaient ». J'étais alors déjà enclin à rejeter toutes les opinions paternelles mais ce jour-là sa remarque m'a paru digne de réflexion. Sans doute dois-je au moins un peu à mon géniteur de n'avoir jamais admiré aveuglément les gloires ou célébrités officielles et proclamées...

10

Geneviève

Une petite fille modèle

Ma mère, Geneviève, est née en 1906, à Clichy sur Seine, en proche banlieue parisienne, à une époque où, paraît-il, on y élevait encore des vaches. Ses parents, issus d'un milieu de petits commerçants et artisans de la ville de Nogent-le-Rotrou, à cent cinquante kilomètres de Paris, étaient venus chercher du travail en région parisienne tout de suite après leur mariage aux environs de 1900. Leur réussite avait été modeste : mon grand-père avait occupé un emploi (on dirait sans doute aujourd'hui un emploi de « petit cadre ») dans une papeterie en gros et ma grand-mère avait complété les revenus de la famille en cousant, à la maison et comme dans la chanson, « des jupes et des jupons et des gilets de flanelle... ». Après son certificat d'études leur unique fille, ma mère, avait quitté l'école à quatorze ans. A cette occasion son institutrice avait exprimé par écrit de vifs regrets de voir partir « notre petite Geneviève, cette excellente élève si sérieuse, si gentille » (texte authentique de son dernier bulletin scolaire). Elle avait alors suivi pendant un an un cours de couture puis travaillé, à partir de l'âge de quinze ans et jusqu'à son mariage, tardif pour l'époque (trente-trois ans !) dans diverses maisons de couture ou de haute couture : un modeste emploi d'ouvrière mais dans des maisons prestigieuses et dont elle était très fière.

Comparée à son mari, ma mère avait bénéficié d'une bonne éducation traditionnelle. Et non seulement elle avait été une élève très appliquée à l'école primaire et catholique mais, jeune fille puis jeune femme, elle avait lu des romans à succès de l'époque (elle évoquait Paul Morand avec révérence) ; elle avait aussi assisté à des spectacles de théâtre ou de cabaret avec ses parents... Tout ça lui avait donné un modeste vernis de culture bourgeoise ou petite-bourgeoise dont mon père était totalement dépourvu. Ce qui se sentait lorsqu'ils s'exprimaient. Par exemple alors que mon père, dans un style « brut de décoffrage », énonçait parfois de façon abrupte des opinions politiques d'extrême-droite frisant le racisme pur et simple, elle était capable de jugements beaucoup plus nuancés, d'opinions beaucoup plus raisonnables qu'elle pouvait étayer à l'occasion de quelques arguments qui, si je puis dire, se tenaient.

Mais l'idée ne lui serait pas venue de contredire son mari, ou même d'entamer avec lui une discussion dans un domaine -la politique- qui n'était pas celui des femmes. Pour elle, toujours prête à accepter sans sourciller toutes les conventions de son époque et de son milieu, c'eût été totalement impensable et incongru. La domination masculine ne la gênait pas. Elle avait adoré son père, l'ancien sous-off un peu tyrannique, qui d'ailleurs le lui avait bien rendu... Et au fil des années, elle s'attacherait à son mari qu'éventuellement elle défendrait becs et ongles contre toute critique d'où qu'elle vienne. Par ailleurs naïve et souvent gaffeuse, à la fois modeste et bourrée de préjugés, elle n'avait certes pas le tempérament d'une dominante. Sur ce plan, je me sens

plus proche d'elle que de mon père qui, lui, était un chef...
Vu les circonstances et les difficultés de la vie, seulement
un petit chef... mais un vrai ! J'y reviendrai...

De la même façon qu'elle respecte, parfois avec
une naïveté désarmante, les préjugés et les convenances
de la toute petite bourgeoisie catholique dont elle est
issue, Geneviève se comporte aussi en bonne catholique.
Sans toutefois tomber dans la dévotion (dont le mariage
l'a peut-être préservée) : elle ne raterait pour rien au
monde sa messe du dimanche mais elle ne se confesse
et ne communie guère qu'à Pâques. A cette époque,
avant le concile Vatican II, c'est le minimum pour ne pas
se retrouver en état de « péché mortel », la menace
constamment brandie par les clercs, la terreur à l'époque
pour tout catholique convaincu...

Pour en revenir à Geneviève, son souci très petit-
bourgeois de la réputation, de la respectabilité n'a pas
vraiment de bornes : il s'étend à la famille, au sens le plus
large, et inclut les ancêtres. Au besoin on arrange un peu
la réalité, on fabrique des tabous et des secrets
dérisoires. Ainsi ne faut-il faire aucune allusion aux ennuis
financiers de son grand-père paternel (mon arrière-grand-
père), le marchand de vin mort très longtemps avant ma
naissance (!) : une très vieille histoire que nous
connaissions, ma sœur et moi par René, le frère de ma
mère, beaucoup moins coincé qu'elle. Bien entendu tous
les aïeux de Geneviève sont (selon elle !) des gens
exemplaires, admirables en tous points. Seul mon père,
autorité suprême, peut se permettre de critiquer ses
beaux-parents, il le fait même avec un plaisir manifeste
mais ça dégénère souvent en terribles disputes.

Geneviève a certes eu une jeunesse plus facile
que son mari... mais qui n'a pas été non plus un chemin
de roses. Elle a été élevée avec sévérité par une mère

dépressive (cette femme à l'allure triste qui avait passé une grande partie de sa vie à coudre chez elle « des jupes et des jupons » !) et un père irascible (le poilu de 14/18 ; le sous-off au caractère exécrable). Un père qui toutefois aimait sans doute beaucoup sa petite Geneviève : dans la collection de vieilles cartes postales que j'ai retrouvée, figurent plusieurs cartes adressées au début de la guerre de 1914 à sa « grande fille » (un peu moins de dix ans à l'époque) qu'il félicite chaleureusement de ses succès scolaires et de sa bonne conduite... A la même époque la mère de Geneviève a des soucis de santé. Pendant quatre ans, de huit à douze ans, Geneviève a d'ailleurs vécu l'angoisse des enfants de sa génération dont le père était au front. Elle n'en veut pas du tout à ses parents qui en 1920, à l'âge de quatorze ans lui ont fait quitter l'école où son application et sa docilité exemplaires faisaient merveille. « Ils [mes parents] voulaient que j'aie très vite un vrai métier » dit-elle même avec gratitude, en guise d'explication quelques décennies plus tard. « Et puis c'était juste après la guerre [celle de 14-18], mon père avait été blessé ; on n'était même pas sûr qu'il puisse retravailler ».

Une jeune fille bien sous tous rapports

A quinze ans la petite fille-modèle va donc se muer en une ouvrière modeste et sérieuse. Contrairement à Louis, son futur mari, elle ne va pas, comme on dit, « faire carrière ». Aussi appliquée et disciplinée qu'elle l'a été à l'école, elle va, pendant près d'une vingtaine d'années, suivre d'une Maison à l'autre (de mémoire et sans garantie : Lelong, Poiret, Worth, Jacques Fath etc..., de grands noms de l'époque...) une « Première » ou une

« Seconde », autrement dit une sorte de couturière en chef. A l'époque, expliquait-elle volontiers, les « Premières » disposaient souvent d'une équipe d'ouvrières qu'elles emmenaient avec elles lorsqu'elles changeaient de Maison pour une raison ou une autre. Geneviève, travailleuse fidèle et docile, a donc toujours suivi sa « Première » ou sa « Seconde », probablement une certaine Lucienne, ou « Lulu » dont je reparlerai plus loin.

Pendant près de vingt ans, en tout cas, elle a travaillé dur, avec parfois des journées de dix ou douze heures, (par exemple dans les périodes des « défilés ») pour un salaire modeste. Mais travaillant dans les beaux quartiers et dans des maisons de luxe, elle se sentait -et elle était par la mentalité- plus proche de la toute petite bourgeoisie dont elle était issue que du milieu ouvrier. Son léger accent « faubourien » qu'elle ne perdra jamais rappelait toutefois ses origines « banlieusardes » et les longues années passées au milieu des ouvrières dans les ateliers de couture.

*
***

Pour sa famille, elle sera aussi pendant les dix-huit années qui s'écoulent entre son entrée dans le monde du travail (à quinze ans) et celui où elle se marie (à trente-trois ans), une jeune fille puis une jeune femme-modèle, habitant chez Papa et Maman jusqu'au jour du mariage, s'acquittant scrupuleusement et sans rechigner, de ses devoirs familiaux, ne sortant jamais des rails de la bienséance et des convenances.

En dehors de rares récits ou confidences recueillis autrefois auprès de ma mère elle-même ou de ma proche famille, les seuls documents dont je dispose pour en juger, c'est une collection de cartes postales reçues et rassemblées sur un album par Geneviève elle-même.

Pour l'essentiel des cartes de vacances. Problèmes : 1/ il n'y a guère que des informations succinctes sur ces documents dont la majorité ne sont même pas datés (la collection semble s'arrêter à la fin de 1931). « Lettre suit... » indiquent d'ailleurs parfois les envoyeurs de ces cartes... et 2/ nous n'avons hélas jamais la moindre indication ou confidence de Geneviève elle-même...

Et pourtant ces documents suffisent à donner, lorsqu'on les parcourt, une impression parfois troublante, voire émouvante, du milieu dans lequel vit Geneviève : celui des ouvrières des ateliers de couture de l'entre-deux-guerres. C'est surtout en été que ma mère (ma future mère !) reçoit des cartes puisque c'est à la belle saison que ces demoiselles prennent leurs vacances. En général plusieurs semaines d'affilée, parfois un mois. « Mademoiselle Blanche n'a pas voulu que je prenne plus de trois semaines » déplore l'une des « petites amies » ou « petites associées »... Sans doute s'agit-il de vacances non payées puisqu'on est plusieurs années avant le Front Populaire et ses fameux « congés payés ». Parfois les « petites amies » partent à deux. Elles séjournent un peu dans toutes les régions de France : le Cher, le Loir et Cher, la Normandie, le massif Central, l'Ile-de-France...probablement s'agit-il presque toujours de leurs régions d'origine. Mais quelques-unes fréquentent aussi, beaucoup plus rarement, il est vrai, les plages du bord de mer, Bretagne, Vendée, Pas-de-Calais... Celles qui peuvent s'offrir le bord de mer envoient des vues de plage bretonnes, vendéennes ou normandes... Des plages loin d'être désertes ! L'ère du tourisme de masse semble avoir déjà presque commencé... Une seule, « Didy », qui fait partie des intimes ou au moins des amies les plus fidèles de Geneviève et dont je reparlerai , part audacieusement, et même deux fois, sur la côte d'Azur : la première fois elle campe avec une autre « petite amie », la seconde elle séjourne avec son nouvel époux. Elle fait une description idyllique des lieux et des possibilités de baignade et ajoute : « Tu serais à ton affaire ». A cette même époque en effet, Geneviève se rend régulièrement à la piscine...

Parmi ces envoyeurs de cartes, il n'y a que deux ou trois couples, en tout cas de couples hétérosexuels. La plupart de ces jeunes femmes sont célibataires mais elles évoquent, parfois naïvement, parfois avec humour, la perspective du mariage. Geneviève (elle a alors déjà dépassé la vingtaine) reçoit des cartes au recto pourvu d'un texte préimprimé évocateur. L'un, intitulé « Brevet de Rosière », est d'une banale et hypocrite obscénité « Conserve la rose intacte, reste impénétrable (sic !) jusqu'au jour où le soleil de l'Amour la fera s'épanouir... ». Le recto d'une autre carte, intitulé « Nouvelles litanies des filles à marier », évoque tous les saints qu'il faut invoquer « pieds nus, en chemise, à son lever et à son coucher » pour arriver à ses fins... « Observe bien les préceptes mais fais attention à ne pas attraper un rhume » recommande tout de même la petite ou grande amie, une certaine Marcelle, apparemment une vraie boute-en-train qui écrit de Limoges où, confie-t-elle, elle « s'éclate » : « J'ai dansé jusqu'à 1h du matin. Un jazz pépère. Ça n'était pas les cavaliers ou la musique qui manquaient. J'ai déjà usé une paire de semelles... ». A la même époque, une autre recommande à Geneviève de se reposer et de ne pas suivre son exemple : « Je me couche à 2h1/2 du matin et je suis grise ».

Apparemment ces demoiselles dansent d'ailleurs beaucoup, et pas seulement en vacances : des bals, parfois des « thés dansants », organisés un peu partout par des amicales d'anciens combattants, de mutilés, des mairies... « Ils [le comité qui organise les bals] n'ont pas encore lancé le charleston. Ils en parlent pour le prochain

93

bal » écrit une « petite amie » (qui, elle, habite Nogent le Rotrou). Cette amie de Nogent a été à « pas moins de trois bals » au cours du mois de décembre 1926 ! Ces bals, c'est sans doute pour ces jeunes filles une vraie distraction mais aussi probablement, pour beaucoup, l'espoir (parfois sans doute proche du désespoir !) de trouver un mari acceptable quand il en est encore temps...

Sur les cartes de vacances, on parle bien sûr aussi de « l'atelier ». On regrette qu'il faille y retourner bientôt, que les vacances soient toujours trop courtes. L'une signale qu' « il n'y avait pas beaucoup de travail ces derniers temps » ; une autre explique au contraire qu'elle a travaillé « de 7 h du matin à 7 h du soir ». La plupart en fait se plaignent d'un excès de travail. Une de ces « cartes de vacances » sort vraiment de l'ordinaire. Elle a été rédigée par une certaine Lulu, sans doute la « Première » ou la « Seconde d'atelier » que Geneviève a suivie de Maison en Maison. Lulu explique succinctement en moins de dix lignes à sa « petite Geneviève » que « ce Lelong [un couturier prestigieux de l'époque] est une vraie prison », bref que c'est un mauvais employeur, et que dès son retour [à Paris] elle va « combiner (sic !) quelque chose ». Elle va, ajoute-t-elle, s'occuper de « vous trois, y compris Didy [qui est] sur le point de se marier, heureuse Didy (re-sic !) ». Cette Lulu qui en 1930 s'occupe de la destinée de Geneviève et de ses meilleures « petites amies » est probablement la même qui cinq ans plus tôt s'excusait de « taquiner si souvent » sa petite Geneviève... Prenant aussi parfois dans cette correspondance de vacances un ton protecteur, l'interpellant non comme sa « petite amie » (la formule rituelle) mais comme sa « petite » tout simplement... En 1930 « Lulu » est mariée à un certain Gaston et

94

apparemment elle est devenue la « cheffe » d'une petite équipe dont font partie Geneviève et Didy…

Il semble (et on ne s'en étonnera pas) que le plus souvent Geneviève, elle, passe ses vacances à Nogent-le-Rotrou, chez ses parents. Les cartes portent toutefois la trace de deux séjours qu'elle fait en bord de mer, l'un à Lancieux (Côtes-du-Nord), l'autre à Luc sur Mer. Avec ses parents ? Une ou des petites amies ? Des amis de ses parents ? On ne le saura pas !

C'est à peu près à la même époque que ma mère découvre la montagne au cours d'un séjour en été du côté de Chamonix avec des amies d'atelier. Un séjour aussi mythique, pour elle, que le sera quelques années plus tard son voyage de noces d'une semaine sur la Côte d'Azur au Croc de Cagnes…). Inlassablement, elle racontera, au fil des années et à chaque occasion, les circonstances de son aventure alpine : comment elle a été invitée au dernier moment à participer au voyage en lieu et place d'une amie qui s'était désistée ; comment elle et son petit groupe sont montés avant l'aube, avec un guide, sur un sommet d'où elles ont admiré le lever du soleil. Elle était épuisée mais elle n'avait jamais rien vu d'aussi beau. Et le guide avait tout prévu : chacune des participantes a eu droit, rendez-vous compte ! à une rasade d'eau de vie…

Quoi qu'il en soit, Geneviève est certainement une jeune femme dynamique et extravertie que ses nombreuses « petites amies » appellent parfois affectueusement Nième ou Nénette ! Apparemment elle aime danser et aller à la piscine, cette dernière activité étant sans doute plutôt une rareté pour une jeune femme de son époque. J'imagine (mais peut-être cela tient-il plus à des impressions reçues d'autres sources) que plusieurs la considèrent un peu naïve et trop bavarde. En 1923, une de ses petites amies lui écrit très gentiment (elle continuera d'ailleurs de lui écrire fidèlement les années suivantes) mais elle termine brutalement par une admonestation surprenante : « Laisse ta langue à Nogent ! ». Une allusion plus que probable à une indiscrétion ou à un impair commis (selon son amie !) par Geneviève qui n'a d'ailleurs alors, il faut le mentionner, que dix-sept ans.

Dans sa famille, et auprès des amis de ses parents, Geneviève a une excellente cote d'amour, comme nous le confirment, là encore, plusieurs cartes postales. Elle le mérite bien : elle tient souvent le ménage de ses parents en lieu et place de sa mère à la santé fragile, aide sa tante et marraine (Georgette) pour des travaux de couture, envoie des petits colis et des mandats à son « petit frangin », René (quatre ans de moins qu'elle, un joyeux drille, lui, qui en 1930 fait son service militaire à Vannes « dans les chars ») … Bref Geneviève, c'est toujours au fond la petite-fille modèle d'autrefois…

Jusqu'à cette année 1930, je trouve peu de traces, sur ces cartes postales, de relations masculines : il y a un certain Marcel qui écrit plusieurs cartes d'Algérie, plus précisément de Constantine où il est militaire. C'est le frère d'une collègue de Geneviève. « Je voudrais être six mois plus vieux pour vous serrer la main », dit-il audacieusement (!) sur une carte envoyée à sa « chère petite amie » et il signe presque toutes ses cartes « un zazou ». Rien de bien engageant de sa part… A peu près à la même époque, un autre jeune militaire, un certain Roger, bombarde d'une dizaine de cartes sa « chère petite marraine » qu'il vouvoie, lui aussi, et à qui il envoie tout de même « Mille baisers », sans oublier de faire ses salutations à « Mme votre mère et M. votre père ». Il raconte à chaque fois quelques anecdotes de la vie militaire : comment il échappe aux corvées les plus désagréables en se portant volontaire pour faire les chambres des sous-offs ou en faisant de la musique etc... Des anecdotes ou remarques qui ressemblent beaucoup à celles des cartes que Geneviève reçoit à peu près à la même époque de son frère René qui, lui aussi, fait son service militaire.

Mais (toujours selon la même collection de « cartes postales), apparaît aussi en 1930 (année particulièrement bien représentée dans la collection !) un véritable soupirant et cette fois les choses sont beaucoup plus sérieuses parce qu'à l'évidence, Geneviève (qui a déjà vingt-quatre ans) est amoureuse. Vraiment amoureuse d'un certain Roland qui très probablement la déçoit, hélas, très vite. Elle s'en est, à l'évidence, épanchée auprès d'une amie qui compatit « Il [Roland] ne sera donc jamais raisonnable. Il faut vraiment toute ton indulgence pour lui pardonner tout le mauvais sang qu'il te fait faire… Amour où nous conduis-tu ? ». Sur la même carte, l'amie compatissante termine par une gentille plaisanterie « Te voilà championne de pâtes. Au moins tu es championne de quelque chose. Tant mieux pour Roland s'il a le bec fin ». A la même époque, l'amie de Limoges, celle qui use ses semelles à danser, demande de son côté : « Où en sont tes amours avec mon phénomène de cousin ? ». Une question sans doute cruelle pour Geneviève dont on apprend ainsi qu'il est le cousin d'une de ses « petites amies ».

Sur cette histoire d'amour (qui peut-être n'en est une que du point de vue de Geneviève !), l'examen rapide des cartes n'incite guère à l'optimisme. En juin 1930 le Roland en question envoie quatre ou cinq cartes dont le texte très succinct porte à chaque fois sur le même thème : son ennui d'être dans le « bled » où il passe ses vacances chez ses parents. Il évoque des sorties « en auto », en moto ou... en carriole. Mais rien n'y fait : Monsieur s'ennuie et tient à le faire savoir.... Et il conclut en envoyant simplement ses « meilleures amitiés » à Geneviève. Une autre carte montre une vue de la très riche avenue de Villiers à Paris. « Mon nouveau quartier », écrit simplement Roland au verso. Pas franchement délicat, sans doute, vis-à-vis de la petite couturière banlieusarde. En août 1930, il subit une opération mais, bien sûr, nous ne pouvons savoir ce que répond Geneviève à deux « petites amies » qui s'informent alors de la santé de « son » Roland. A cette époque elle coud pour lui une « belle pochette ». La chose a dû faire le tour de l'atelier où travaille Geneviève puisque les deux mêmes « petites amies » s'inquiètent gentiment de l'état d'avancement de la pochette ... En septembre Roland envoie enfin une carte plus explicite... mais finalement pas trop engageante : « J'espère que votre mère vous autorisera à venir à la piscine de la Concorde. Quel joli poisson vous devez faire... ». Et cette fois il signe tout de même : « Tendres baisers »...

La pauvre Geneviève a alors déjà vingt-quatre ans ! Même en 1930, cette évocation d'une demande d'autorisation maternelle (!) semble pour le moins saugrenue... A-t-elle eu la présence d'esprit (et l'occasion) de faire remarquer à ce Roland qu'elle n'était plus une gamine encore dans les jupes de sa maman ? Qu'il ne devrait pas la prendre pour une oie blanche ! Nous ne le saurons pas : les dernières cartes de l'album portant une date sont de l'année suivante, 1931, et aucune, datée ou non, ne mentionne ce soupirant sans doute peu assidu...

Une femme sous tension

Il n'est pas facile de mettre en mots l'impression que nous donne ou nous laisse un proche qu'on croit ou qu'on croyait bien connaître. Ainsi, chez cette mère si conventionnelle, donnant sans doute à l'extérieur une impression de stabilité et même de solidité, chez cette femme pourtant capable aussi de s'enthousiasmer naïvement pour un spectacle ou une distraction toute simple, j'ai toujours senti dans ma petite enfance une intranquillité et une tension presque permanentes, une sorte de frémissement continu.

Contrairement à mon père, « casanier » s'il en fut, elle était presque toujours partante pour une sortie, un voyage. On la sentait frustrée de sortir si peu… Mais, en même temps, elle semblait souvent incapable de jouir d'un vrai moment de détente, de prendre au quotidien et sans se prendre la tête ce que la vie nous apporte : un jour de vacances d'été que je serais incapable de situer précisément (sans doute la Bretagne), alors que mon père et ma sœur sont un peu plus loin, alors qu'il n'y a eu depuis le matin ni dispute ni tension, j'éprouve au cours d'une promenade une sorte de moment d'euphorie que j'ai besoin de communiquer. Et je dis spontanément, sans intention particulière : « On est quand même bien ensemble ! » Elle répond froidement, et du tac au tac, au gamin de onze ou douze ans que je suis : « La vie ça n'est pas que des vacances, c'est tout le reste qui compte… ». De quoi être dégrisé immédiatement… Une remarque de bon sens, un échange banal sans doute mais il y en eut d'autres de la même veine et dont j'ai retenu une terrible leçon de vie ! Car j'ai pensé qu'après tout elle avait sans doute raison, que le bonheur, celui des livres, n'existait pas, que la vie, c'était surtout une succession d'emmerdements …

Ce pessimisme, cette conviction qu'au fond il n'y avait pas grand-chose de bon à attendre des êtres ou des choses, elle les avait sans doute, au moins en partie, hérités de ses parents, de sa mère surtout, une femme aux principes et aux préjugés incroyablement surannés, même pour le milieu petit bourgeois dont elle était issue. La vie, pour ma mère, comme pour sa mère avant elle, c'était surtout « du sang, de la sueur et des larmes », comme disait l'illustre Churchill -lequel, pourtant, comme chacun sait, était très capable de jouir pleinement de la vie, même en période de guerre… Geneviève, elle, était imprégnée de pessimisme jusqu'à la moelle. Mais d'un pessimisme finalement très dynamique. Car pour s'en sortir, pour rester digne et mériter le ciel, comme on le lui avait seriné pendant toute son enfance, il n'y avait pas d'autre solution que de se battre et de travailler. Comme l'avaient fait ses parents et ses grands-parents avant elle. Comme d'ailleurs le faisait aussi, avec une sorte d'acharnement, l'homme qu'elle avait épousé et avec lequel, au moins sur ce point, elle était totalement en accord.

N'en doutons pas : c'est inspirés par ces mêmes convictions et par ce même pessimisme dynamique que, depuis des générations, nos ancêtres ont posé, pour le meilleur et pour le pire, les fondations du monde « prospère » et impitoyable dans lequel nous vivons... J'hésite à me moquer ou à condamner : pas un instant ils n'ont douté de bien faire et ils ont fait de leur mieux ! Ils assuraient ou croyaient assurer notre avenir…

Une femme à l'épreuve de la guerre

Quelques mois après la déclaration de guerre, au moment de l'invasion allemande, en juin 1940 c'est le fameux et tragique épisode de « l'exode » au cours duquel une foule de parisiens, complètement paniqués, se jette sur les routes dans des conditions souvent épouvantables ! Beaucoup, victimes des bombardements d'aviateurs allemands débiles ou sadiques, y laisseront la vie. Une des « petites amies » d'atelier de Geneviève est alors grièvement blessée et sera amputée d'une jambe. Ma mère part, elle aussi, avec ses deux beaux-enfants mais sans son mari : bien que démobilisé quelques semaines plus tôt, Louis doit rester sur place compte tenu de sa situation militaire et professionnelle. Elle a la chance de pouvoir se réfugier chez ses parents à Nogent le Rotrou. Ou plutôt dans une petite ferme près de Nogent où elle retrouve sa belle-sœur Rosette et sa nièce Claudine. Pendant une petite semaine toute la famille, y compris Solange et Pierrot, couche dans une grange et sur la paille…

Comme tous les parisiens, Geneviève et les siens ne tardent pas à regagner Paris mais les temps difficiles ne font que commencer. J'ai déjà évoqué les dures années de l'Occupation pendant lesquelles les problèmes de santé de ma sœur… et, accessoirement, la nourriture (!) restent au centre des préoccupations familiales. Les tickets et les cartes de rationnement ne disparaîtront d'ailleurs complètement pour tous les produits de base que très progressivement (pour le lait seulement à la fin de 1949, l'année de mes sept ans : je me souviens du jour où ma mère est rentrée, euphorique, de chez le crémier « J'aurais pu acheter encore plus de lait ; il m'en aurait vendu autant que je voulais ! ». Elle pouvait à peine y croire.)

Geneviève et la nostalgie

Au lendemain de son mariage, Louis, son nouvel époux, lui avait fait comprendre qu'il ne l'avait pas installée rue de Charenton, -où il y avait certes de quoi faire !-, pour qu'elle aille se balader avec, ou chez, des copines, les « petites amies » et « petites associées » d'autrefois, celles de l'atelier et des cartes postales ! Au début des années 1950, alors qu'elle dispose enfin d'un peu plus de temps et de liberté, Geneviève aimerait bien reprendre quelques contacts avec un passé dont elle a gardé la nostalgie. Mais les années et la guerre ont fait leur œuvre. Entretemps les petites amies ont elles aussi fait leur vie et parfois pris des chemins bien différents de celui emprunté par Geneviève...

« Didy », par exemple, une des plus proches, celle qui dans les années 1920 envoyait à sa « petite amie » Geneviève des cartes enthousiastes de la Côte d'Azur, eh bien la petite et dynamique Didy a fait un « beau » mariage puis monté sa propre maison de couture !... Geneviève et Didy s'étaient complètement perdues de vue pendant la guerre mais elles se retrouvent à la suite d'un extraordinaire concours de circonstances : au début des années 1950, ma cousine Claudine, la danseuse, (dont le nom de famille -« Chaussée », un nom peu usité-, est aussi le nom de jeune fille de ma mère) fait des achats chez Didy... Qui demande si par hasard Claudine ne serait pas apparentée à une certaine Geneviève Chaussée... Mais oui, bien sûr !... Un rendez-vous est organisé et quelques jours plus tard ma mère et sa vieille copine de jeunesse tombent dans les bras l'une de l'autre. Des retrouvailles qui émeuvent beaucoup Geneviève mais qui seront sans lendemain ou presque : la modeste « femme au foyer » du 194 rue de Charenton et la riche patronne d'une prospère maison de couture n'ont plus grand-chose en commun sauf des souvenirs d'un passé déjà bien lointain.

Peu importe. La vie continue... Geneviève n'est pas devenue une femme d'affaires mais elle dispose, elle aussi, d'un capital à faire fructifier (ma sœur et moi) et elle a effectivement encore de quoi faire, même si nous ne sommes plus que quatre à la maison... au moins provisoirement car dès 1955 la mère de Geneviève viendra passer les hivers (en fait presque six mois par an !) au 194. Il y a l'entretien de l'appartement, les courses, la cuisine, et (last but not least !) la confection des robes et petits vêtements divers pour Monique et pour elle-même... Elle n'emploiera plus de femme de ménage, comme elle l'a fait très brièvement quelques années plus tôt (une mauvaise expérience qui s'est terminée sur des soupçons de vol...) mais elle s'offre tout de même, dans ces années d'après-guerre, le luxe de faire venir de loin en loin un cireur de parquet. Cirer un parquet, de toute façon, c'est un travail d'hommes que mon père n'aurait guère le temps (ni sans doute l'envie) de faire...

L'emploi du temps de Geneviève est alors réglé « comme du papier à musique » (une expression qu'elle aime beaucoup...). Une grande partie de ses matinées est consacrée à faire les courses et le ménage mais chaque journée a ses particularités : le mardi et le vendredi, c'est le jour du marché au boulevard de Reuilly : une sortie utile mais aussi une distraction qu'elle ne manquerait pour rien au monde. L'aller et retour lui prend au moins une demi-heure, parfois sensiblement plus car elle en profite pour bavarder un peu si l'occasion se présente. Le marché lui-même, c'est un univers dans lequel elle s'enfonce avec délice : après les années de privations, quel plaisir de remonter puis redescendre le boulevard de Reuilly entre deux rangées de commerçants empressés qui vous interpellent « Elle est super, elle est extra, ma salade, ma p'tite dame... », qui vous supplieraient presque de leur acheter ce qu'hier (c'est-à-dire pendant les quatre années de l'Occupation et même au-delà !) ils planquaient pour le vendre en douce à prix d'or au marché noir... En tout cas le marché, ma mère adore ! Elle adore tout : la bousculade, les cris des marchands, les queues, les discussions et les petits marchandages sur les prix ou les quantités... Les matinées de marché sont sans doute les plus distrayantes de la semaine. En plus elle peut, si elle le veut, faire de petites folies « alimentaires » : la nourriture est un poste du budget sur lequel mon père ne lui fera pratiquement jamais de reproches.

Des amies couturières...

Bien qu'elle ait cessé son activité professionnelle dès son mariage, ma mère n'a jamais perdu, je l'ai dit, son intérêt pour la couture. Ce n'est évidemment pas un hasard si ses deux amies ou plutôt ses meilleures « relations » (car le temps de la jeunesse et des « petites amies » est passé...) sont des femmes qui travaillent encore dans ce secteur et avec lesquelles elle peut « parler couture » et pas seulement de façon théorique. C'est à coup sûr par intérêt personnel, plus encore je crois que par souci d'économie, que Geneviève confectionne elle-même tous les vêtements de sa fille (ma sœur

Monique) qui d'ailleurs, jusqu'à l'entrée dans l'âge adulte, ne portera guère que des vêtements conçus et réalisés par sa mère. Tant pis pour la mode ou ses goûts personnels… Même à l'époque des yéyés, Monique continuera d'être habillée par sa maman dans le style le plus sage des années 1930 et 1940.

Dans cet après-guerre, les deux amies ou « relations » de ma mère n'ont pas comme la dynamique « Didy » monté ou repris une maison de couture mais elles sont « couturières à domicile » et gagnent leur vie en confectionnant chez elles des vêtements pour des particuliers. Apparemment on pouvait encore vivre alors (sans doute modestement !) de cette activité. La mondialisation et les importations d'Asie étaient encore à venir…

De ces deux « amies », la plus proche de chez nous, géographiquement, c'est « Madame Salembien » (ma mère ne la désigne jamais autrement ; je crois bien n'avoir jamais entendu son prénom). Madame Salembien habite à une centaine de mètres du 194. Je n'ai aucune idée de la façon dont ma mère est entrée en relation avec elle. C'est une femme souriante et énergique dont mes parents parlent souvent avec admiration : abandonnée par son mari et lourdement handicapée du fait d'une luxation de hanche, elle élève seule un enfant un peu plus jeune que Monique et moi. C'est à elle que mes parents nous confieront, ma sœur et moi, pendant deux ou trois jours, lorsqu'ils devront quitter brusquement Paris à la suite d'un décès familial, celui de ma tante Charlotte dont je reparlerai.

L'autre amie « couturière à domicile » de Geneviève, c'est Rachel, son ancienne collègue dans je ne sais plus quelle maison de couture d'avant-guerre. J'ai déjà évoqué les visites que ma mère lui rend parfois le jeudi après-midi sous le prétexte de nous promener, ma

sœur et moi.... Geneviève la voit moins souvent que
« Madame Salembien » et Rachel est sensiblement plus
jeune que ma mère. Pourtant c'est sans doute d'elle que
ma mère se sent la plus proche : aller chez son ancienne
collègue, c'est pour Geneviève une de ses rares bouffées
d'oxygène ; ça la relie un peu à un passé, celui des
« petites amies » d'atelier... Comment ne pas
comprendre sa nostalgie !

11

Louis

Le petit mousse

Louis, mon père, né en 1903, avait connu une jeunesse beaucoup plus difficile que celle, petite bourgeoise en diable mais au moins protégée, de Geneviève, sa deuxième épouse. Le père de Louis, Pierre Colin, marin-pêcheur à Douarnenez, avait été victime de la crise du début des années 1900. Ayant perdu son emploi, n'ayant plus d' « engagement » (je crois qu'on employait ce terme pour désigner l'emploi d'un marin-pêcheur), il était parti s'installer à Brest avec sa femme et ses quatre enfants, dont mon père, pour y travailler comme manœuvre sur le port. Mal lui en avait pris : au tout début de la guerre de 1914, « mobilisé sur place », il avait été tué accidentellement par un engin et mon père, alors âgé de onze ans, avait dû quitter l'école, comme l'avaient déjà fait avant lui, ses deux sœurs aînées, Françoise et Jeanne.

L'une des deux, Jeanne je crois, m'a raconté un jour comment, dans la conserverie de poissons où elle travaillait, elle devait se cacher au moment des inspections. Car il y avait déjà des règles concernant le travail des enfants et probablement quelques contrôles plus ou moins formels… Mon père, lui, avait échappé à l'usine mais dès l'âge de onze ans, il avait exercé divers petits boulots (livreur de journaux, « grouillot » comme il disait lui-même d'un artisan peintre en bâtiment…). Trois ans plus tard, à quatorze ans il s'était engagé dans la Marine nationale, comme élève de l'Ecole des Mousses. Au grand dam de sa mère car déjà, paraît-il, il « gagnait bien » ! « J'ai été pris de justesse » me confia-t-il un jour de modestie où il s'épanchait un peu :« Je faisais exactement le poids minimum et la taille minimum ». La chance, toujours la chance…

On était alors en 1917 et Louis se rappelait la terreur qu'il avait éprouvée à deux reprises lorsque le navire sur lequel il était embarqué naviguait en mer du Nord sous la menace des sous-marins allemands : les enfants de quatorze ans n'étaient pas mobilisés mais, une fois embarqué, un mousse de quatorze ou quinze ans courait bien sûr les mêmes risques que n'importe quel marin adulte.

Il avait connu le dur quotidien des petits mousses de l'époque, les levers très tôt, hiver comme été, les corvées épuisantes et répétitives… Ses premières années dans la Marine avaient été marquées par une difficulté supplémentaire : ayant quitté l'école à onze ans, il ne possédait que quelques rudiments de lecture et de calcul et il avait très mal supporté de se sentir inférieur aux autres élèves dont la plupart avaient au moins le niveau du certificat d'études. Il avait travaillé avec acharnement pour finalement devenir l'un des meilleurs. « Je leur ai prouvé que je n'étais pas plus bête qu'un autre ».

De fait, il avait obtenu autant d'avancement que pouvait l'espérer un ancien mousse, devenant « quartier maître-fourrier » à vingt ans. Fourier, c'est-à-dire, responsable de l'intendance. Rien d'exaltant mais du sérieux. C'était déjà un homme à qui on pouvait confier des clefs sans hésiter. A la même époque, il avait aussi beaucoup pratiqué le sport, surtout la natation, et même participé à des compétitions internes à la Marine en obtenant des résultats honorables. Le « crawl » de l'époque, celui qu'il pratiquait encore dans son âge mûr, était une nage peu esthétique et peu efficace, le nageur gardant en permanence la tête hors de l'eau… Mais mon père était surtout fier d'avoir eu la responsabilité de « maître de sport ». « Hiver comme été, par tous les temps je les faisais galoper, les gars ! ». Lorsqu'il évoquait cette période, il ne pouvait résister à quelques précisions flatteuses, qu'elles intéressent ou non l'interlocuteur : « A l'époque, j'avais exactement les mensurations, le poids de l'athlète idéal… »

Toute sa vie, il reparlera avec nostalgie de ces quelques années comme d'une expérience héroïque. Et il ne rompra jamais complètement le lien : adhérent, depuis sa création en 1932, d'une association d'anciens « officiers-mariniers », l'Acomar (Association Centrale d'Officiers Mariniers et de Marins de Réserve), il en sera même très brièvement le président. Alors que ma sœur et moi-même, nous étions encore très jeunes, la préparation d'un « gala » de l'association fut d'ailleurs pendant quelques semaines sa grande affaire du moment. Je me souviens de son excitation le jour du fameux gala auquel je ne sais plus quelle vedette de la chanson avait accepté de participer. Ce jour-là, qui fut une sorte de jour historique au niveau familial (on en reparlera longtemps après !), ma mère fut de la soirée et ma grand-mère paternelle vint passer la nuit rue de Charenton pour nous garder, ma sœur et moi. Pour mon père, cette fête fut une sorte de chant du cygne : peu à l'aise en fait dans ce rôle de représentation, écarté quelques mois ou quelques années plus tard de toute fonction exécutive, il ne sera plus ensuite qu'un membre passif de l'association. Mais jusqu'à sa mort il en conservera pieusement les bulletins mensuels ou trimestriels, lien ultime, dérisoire et précieux avec ses « belles » années de jeunesse.

Une « belle » carrière

A vingt ans il s'était marié et, pour éviter de partir en Indochine où sa hiérarchie était sur le point de l'expédier, il avait quitté la Marine. Quitter cette seconde famille qu'était la « Royale » avait certainement été pour lui un crève-cœur. En même temps il était plutôt fier après coup d'avoir eu l'audace de quitter l'institution où il avait, disait-il, tout appris ; de n'être pas devenu, comme il disait, un « fayot », un marin qui « rempile » et fait carrière jusqu'à l'obtention de la retraite. Les mots « fayot, fayoter » revenaient souvent dans sa bouche pour désigner un « lèche-cul ».

A Paris où, pour trouver du travail, il était arrivé, pratiquement sans argent, avec sa jeune épouse déjà ou bientôt enceinte, au tout début des années 1920, il avait connu des jours difficiles : « Il a fallu acheter les chaises, une par une, les tabourets, un par un… » Presque tout de suite, sans doute grâce aux réseaux des anciens officiers de marine ou officiers-mariniers, il s'était fait embaucher comme « pointeur » à la « Compagnie Nord-Sud », une petite compagnie privée qui exploitait alors ce qui deviendra plus tard la ligne 13 du métro parisien. Une de ses tâches principales était de surveiller le respect des horaires des rames de métro, mais aussi des employés. Un travail convenant bien à un « gradé » de la Marine nationale, très bien noté par sa hiérarchie. Et parfaitement adapté à la conception déjà bien ancrée qu'il avait de l'ordre et de l'autorité...

Pendant des années, il va ensuite devoir se contenter d'un modeste salaire et les temps ne seront pas faciles : « J'aurais pu gagner beaucoup plus dans une petite boîte ; j'ai eu des propositions, j'ai hésité mais tu vois, finalement j'ai eu raison de rester où j'étais » [confidence faite quarante ans plus tard !]. En 1930 (il a vingt-sept ans) il va avoir l'occasion de montrer qu'il n'est pas seulement un besogneux, qu'il a du caractère et « ne se laisse pas faire ». Cette année-là, la petite « Nord-Sud » qui l'avait embauché est absorbée par la CMP, la Compagnie du Métro Parisien, l'ancêtre de la RATP. Il n'est alors qu'un petit « gradé » de la Nord-Sud mais il va se battre comme un lion : « J'avais déjà des responsabilités à la « Nord-Sud » quand il y a eu la fusion mais j'ai été traité comme un moins que rien par les types de la CMP. Dans le service où on m'a affecté, c'est tout juste si on m'a donné un tabouret pour m'asseoir et une petite table pour travailler ! Je ne me suis pas laissé faire. D'abord pour leur montrer qui j'étais, je suis retourné au siège de la « Nord-Sud », j'ai récupéré le fauteuil de chef qui m'avait été attribué et je l'ai transporté moi-même à travers Paris jusque dans le bureau de la CMP où on m'avait installé, fallait voir comment ! Et je les ai tannés jusqu'à ce qu'ils me donnent un bureau correct. Au début le chef m'ignorait, s'adressait seulement au type qui travaillait dans la même pièce que moi. Mais au bout de six mois, il ne voulait plus avoir affaire qu'à moi parce que moi, j'étais toujours là et je connaissais tous les dossiers à fond... Il ne pouvait plus se passer de moi ! Tu vois, il ne faut jamais, jamais, « se laisser faire !».

Quand mon père se laisse aller à ces rares confidences, je suis conscient qu'il ne s'agit pas de simples vantardises : on n'est plus dans les histoires de légion d'honneur prétendument « refusée », des exploits ou actes héroïques plus ou moins imaginaires, on est dans le dur quotidien du petit employé qui s'est battu bec et ongles pour s'en sortir comme il l'avait fait dans la Marine quelques années plus tôt. Mine de rien, c'est une leçon de vie, dont d'ailleurs (à tort, sans doute) je ne m'inspirerai guère. Cela dit, si pour un « vrai » bourgeois qui écouterait mon père, ce ne serait qu'une anecdote de petit rond-de-cuir un peu ridicule, pour moi, par contre, qui suis encore un gamin, c'est un récit héroïque, digne d'un épisode de l'Iliade...

Louis n'évoque jamais, ne dit jamais un mot de son premier mariage ou de sa première épouse, Marie-Anne Bothorel, morte à trente-deux ans, le 19 novembre 1936. On n'a pas la parole facile dans la famille, en tout cas pas sur les sujets « personnels ». Question de milieu social ou de caractère. Sans doute un peu les deux... Je suppose que ma mère elle-même n'a jamais reçu de confidences sur la cause de la mort de la jeune Marie-Anne. Lorsque je lui ai posé la question peu de temps avant qu'il meure lui-même, Robert, le mari de ma demi-sœur Solange, m'a répondu : « Je ne sais pas exactement ; une infection généralisée, je crois... » Si Louis a été très heureux avec cette jeune femme, je n'en ai aucune idée mais la mort de son épouse a été à coup sûr pour lui une tragédie. Pour une fois la chance l'avait quitté... « J'ai vécu ça ; je sais ce que c'est ! » dit-il un jour, le visage brusquement fermé, à un homme relativement jeune qui vient de perdre sa femme. Et c'est tout...
Ce qui est certain, c'est que la mort de sa première épouse l'a mis dans une situation difficile : Solange et Pierrot, ses enfants, ont seulement huit et douze ans ; son travail lui prend beaucoup de temps et d'énergie et en

plus il ne roule pas sur l'or. Fort heureusement il peut compter sur l'aide de la mère de Marie-Anne, la petite Nénaine dont je reparlerai : elle est concierge à Paris et n'habite pas trop loin. En tout cas, il ne se laisse pas aller : ça n'est pas son genre, c'est le moins qu'on puisse dire ! Je suppose qu'il s'est plongé encore plus dans son travail : il passe alors souvent ses dimanches (son seul jour de repos de toute la semaine !) dans un stade, non pour faire du sport lui-même mais pour mettre en place ou développer les activités sportives de son entreprise, la Compagnie du Métropolitain, la fameuse CMP ! C'est certainement très bon pour sa carrière, sans doute un peu moins pour l'éducation de ses deux jeunes enfants qui viennent de perdre leur mère et auraient sans doute besoin d'une présence attentive de leur père. Je suppose qu'il confie alors très souvent leur surveillance à leur grand-mère maternelle, la petite « Nénaine ». Cette hyperactivité a d'autres conséquences négatives pour lui : une photo peu flatteuse, prise pendant sa période de veuvage, un an environ avant son second mariage (celui avec ma mère), montre qu'en très peu de temps il avait beaucoup grossi – un surpoids qu'il aura d'ailleurs presque perdu lorsqu'il se remariera…

*
***

Mais quand j'entends en 1946 ou 1947 le cri qui inaugure mon histoire personnelle, (vous savez : le « Tue-moi ! » de ma « grande » demi-sœur Solange !...), Louis a déjà entamé une autre phase de sa vie : il a dépassé la quarantaine et il a maintenant quatre enfants (dont moi-même !) … Avec les deux aînés, qui sont déjà de jeunes adultes, il a quelques sujets de friction ou d'agacement : Solange, qui a maintenant à peu près vingt ans, accepte encore son autorité mais c'est un tempérament rebelle ;

quant à Pierrot, il vient de s'engager dans la Marine mais il commence déjà à bombarder son père de courriers suppliants pour qu'il le tire de là en faisant jouer ses relations…

Heureusement l'éducation ou l'élevage de ses deux plus jeunes enfants, Monique et moi, ne pose pas trop de problèmes à Louis : il peut compter sur une épouse solide, ma mère : une femme qui ne lui a pas fait tourner la tête, qui lui tape souvent sur les nerfs -et surtout qui a un peu de mal à s'en sortir avec sa belle-fille, Solange !-, mais une vraie « femme d'intérieur », économe, sérieuse, bonne cuisinière, experte en couture, bref une femme qui « assure », -comme on ne dit pas encore à l'époque… En plus Geneviève, même si elle est souvent prête à la dispute, n'est pas du genre à contester vraiment l'autorité de son mari... Sur ce plan, la chance est à nouveau du côté de l'ex-petit vendeur de journaux des rues de Brest… Il faut dire qu'il a fait tout ce qu'il fallait : il a choisi une femme recommandée par des gens très sérieux, bien sous tous rapports.

Par ailleurs, socialement il peut garder la tête haute : il a participé honorablement à la Résistance. Peut-être même a-t-il été quelquefois, comme il le raconte, héroïque à sa manière mais cela, je ne le saurai jamais avec certitude parce que je ne dispose d'aucun renseignement précis sur le sujet… et aussi parce que - mauvais fils, comme je suis ! - je ne prends pas toujours ce qu'il raconte pour argent comptant… Parfois je préfère même ne pas l'écouter.

Sur le plan professionnel, il n'a pas de quoi se plaindre non plus : il a travaillé sans discontinuer pendant toutes les années de guerre et il prend encore du galon. En 1946 ou 1947, il devient, si je ne me trompe « chef de bureau », un titre encore bien modeste mais, là encore, arraché de haute lutte et dont il est très fier. « Ils [ses

114

patrons] me passaient la pommade parce qu'ils avaient besoin de moi mais ils ne voulaient rien me donner. J'étais soi-disant trop jeune. Ils me disaient : qu'est-ce qu'on vous donnera plus tard si on vous nomme déjà chef de bureau ? Moi je leur ai dit : c'est maintenant que j'ai des besoins. Pas dans cinq ou dix ans. Et c'est vrai qu'à l'époque on s'en sortait tout juste. Ils ont compris qu'ils avaient intérêt à me nommer... ». Le voilà donc devenu un honorable « petit cadre ». Et l'avenir immédiat s'annonce bien : sa boîte, la CMP -la Compagnie du Métro Parisien qui avait absorbé la « Nord-Sud » en 1930- grossit à vue d'œil et va devenir en 1948 la RATP, c'est à dire la Régie Autonome des Transports Parisiens, une des grandes entreprises nationales.

Et son ascension ne s'arrêtera pas là. Au début des années 1950 le très modeste « pointeur » des années 1920 obtient à nouveau de l'avancement et devient -parmi d'autres, il est vrai- l'un des cadres responsables de la gestion du personnel. Responsable sinon au niveau de l'entreprise, au moins au niveau de la Direction de l'exploitation, celle qui fait tourner quotidiennement la machine et gère une armée de poinçonneurs, de conducteurs de train ou d'autobus, de contrôleurs..., bref une direction qui est la cheville ouvrière de l'entreprise.

Et il joue maintenant sans états d'âme le rôle assigné par sa hiérarchie. Sur le plan des idées, lui dont les origines sont si humbles et qui vit encore si modestement, il a depuis longtemps basculé du côté des patrons, du côté de ceux qui « tiennent le manche ». Il n'est pas du genre à se poser des problèmes : il serait d'ailleurs bien surpris qu'on l'accuse d'avoir trahi la classe sociale dont il est issu... Et il fait son boulot sans état d'âme, travaillant toujours avec le même acharnement, sans compter son temps. En fait il est plus qu'habitué à ce rythme : un humoriste pourrait dire qu'il n'a pas grand mérite puisque c'est ce qu'il fait depuis l'âge de onze ans... Signe de son changement de situation : c'est pendant les périodes de grandes grèves, -fréquentes dans une entreprise publique où l'on peut faire grève sans risquer d'être licencié- qu'il travaille le plus ! Car il faut se battre pour que le métro roule quand même pendant que les autres « se roulent les pouces » ; le service public ne doit pas s'arrêter, c'est en tout cas comme ça que la direction de la RATP voit les choses !... Et la direction sait qu'elle peut compter sur des gens comme Louis... qui ne conduit pas les trains lui-même mais qui jongle avec le personnel « non-gréviste » pour que le service ne s'arrête pas. Dix à douze heures par jour, il est au téléphone, donnant ou transmettant des consignes, participant aux réunions de crise. Le travail, quelle que soit la forme qu'il prend, c'est pour lui plus qu'une valeur, c'est la vie.

Parfois tout de même la carapace craque. Il se plaint de dormir mal. Il a souvent des brûlures d'estomac et consomme alors en grandes quantités des pastilles Rennie, des petits comprimés blancs de forme rectangulaire dont il a toujours une boîte ou deux sur sa table de nuit... Un matin (je crois bien que je n'ai pas plus de six ou sept ans), je le vois aller et venir comme un fou dans le couloir du petit appartement du 194 en se tenant le ventre et en se plaignant très fort de douleurs atroces. Ce jour-là un médecin fut appelé en urgence. L'homme de l'art annonça sentencieusement que le « grand sympathique », selon lui le nerf le plus important de tout le système, avait « lâché ». Sans doute une façon, digne d'un médecin de Molière, de dire qu'il s'agissait d'un phénomène psychosomatique dû au stress et au surmenage. Un bon diagnostic finalement puisque ce malaise n'eut aucune suite. Mais dans les semaines qui suivirent, très égal à lui-même, Louis confiera d'un air important à qui veut bien l'entendre, et avec la gravité qui convient à un phénomène aussi exceptionnel, que son « grand sympathique » avait lâché... Tout en soulignant que l'après-midi même, il était à nouveau au bureau...

*
***

Le destin individuel de Louis, et par conséquent de sa famille, est alors étroitement lié à l'histoire de la France d'après-guerre. En cette période bénie qu'on appellera les Trente Glorieuses (1945/1975) (où l'on se serre souvent la ceinture, ou l'on travaille encore en moyenne 45 heures par semaine... mais où le chômage n'existe quasiment pas !) Paris, qui a miraculeusement échappé aux destructions subies par les autres capitales européennes, se développe de façon spectaculaire. Un livre aujourd'hui contesté, « Paris et le désert français », paru en 1947, et qui décrit ce phénomène jugé alors inquiétant, est un best-seller qui connait un succès extraordinaire. La ville, en tout cas, prend en quelques années une extension monstrueuse, générant d'énormes besoins de transports.

Pas étonnant qu'en très peu de temps la RATP, qui transporte chaque jour des millions de parisiens, devienne l'un des grands employeurs du secteur public, et même de France. Car en attendant l'ère du numérique cette grande entreprise se gère encore à peu près comme à l'époque de la construction du métro, au début du vingtième siècle : elle utilise les services d'une armée incroyable de « poinçonneurs », de vendeurs de billets, de « chefs de station » de métro, de « receveurs » d'autobus... des « métiers » qui d'ailleurs ont aujourd'hui pratiquement disparu ! La chanson de Gainsbourg sur « Le poinçonneur des Lilas », qui a rendu célèbre son auteur et fait rire des centaines de milliers de parisiens (y compris, paraît-il mais je n'en suis pas certain, quelques poinçonneurs...) méritait amplement son succès...

117

Il y a tout de même un côté négatif dans cette évolution : comme toutes les entreprises du même genre, la RATP est en train de devenir une entreprise vraiment ubuesque avec une pyramide hiérarchique démente où se superposent les chefs, les chefs-adjoints et les sous-chefs de tout et de n'importe quoi... Pas très drôle pour mon père qui se trouve au milieu de cette jungle et qui ne possède ni le moindre diplôme ni le moindre appui familial. D'autant qu'il lui reste encore de longues années avant la retraite... Sa fin de carrière sera d'ailleurs un peu pénible... mais nous ne sommes qu'à la fin des années 1940 et au début des années 1950 et il a encore de belles années devant lui.

Le « parrain »

Comme on n'attire pas les mouches avec du vinaigre, la RATP devient, dès le début de l'après-guerre, un employeur modèle qui paie bien et élabore pour son personnel un statut très favorable. Une évolution qui va favoriser la carrière de Louis... mais aussi bénéficier à une grande partie de sa famille, y compris celle élargie aux collatéraux et aux nombreux neveux : en bon breton « monté » à Paris, Louis va en quelques années faire embaucher au « métro » d'abord son frère, un de ses deux beaux-frères, son fils Pierrot, son beau-fils Robert... puis toute une kyrielle de neveux, y compris les neveux « par alliance ».

Pour sa famille, il devient alors un personnage important : non seulement on s'adresse à lui pour se faire embaucher au « métro » mais une fois dans la place on compte sur lui pour être soutenu en cas d'ennui, voire même pour obtenir de l'avancement. Louis râle en permanence qu'on lui casse les pieds, qu'il a vraiment autre chose à faire… Effectivement il en a peut-être un peu marre quelquefois d'arranger les problèmes des uns et des autres… Oui mais au fond de lui-même il jubile car il exerce désormais un pouvoir, modeste certes mais réel, et surtout ses mérites sont enfin reconnus ! Surtout lorsqu'ayant encore un peu grimpé dans la hiérarchie, il pourra intervenir vraiment dans le « déroulement de carrière » de ses protégés. La plupart ont été embauchés tout en bas de l'échelle, en général comme « poinçonneurs », les plus mal payés et les moins considérés des employés. Pour « progresser », devenir par exemple des ouvriers qualifiés, voire des contremaîtres, ils doivent passer des concours internes… dont Louis peut quelquefois manipuler les résultats. Ce qu'il fait, s'il le peut, sans aucun scrupule…

Pendant quelques années, Louis est ainsi, « mutatis mutandis », une sorte de « parrain »… Moins redoutable tout de même qu'un chef de clan sicilien mais pour sa famille un homme avec qui il faut compter… Lors d'un conflit entre deux de ses neveux (dont l'un est d'ailleurs effectivement son filleul), c'est lui qu'on vient trouver pour calmer le jeu. Les deux neveux, faut-il le préciser, sont tous deux employés à la RATP ! Ce jour-là, plutôt que pour un capo de la mafia, Louis pourrait presque se prendre pour Saint Louis, rendant la justice sous son chêne, mais il ignore probablement l'histoire de son saint patron. En tout cas, il est alors au sommet de sa vie d'où il ne retombera vraiment qu'à son départ en retraite… pestant désormais très souvent contre tous ces ingrats qui lui doivent tout et qui l'ont oublié…

Un caractère difficile

Non seulement Louis a des défauts (qui n'en a pas ?) mais moi qui suis un gamin (injuste, bien sûr), j'ai alors assez souvent l'impression qu'il les exhibe parfois avec indécence. Bref pour nous, -je veux dire sa femme et ses enfants- ça n'est pas toujours un homme facile à vivre… Les pages qui précèdent en ont sans doute déjà donné une idée.

Pourtant, si je prends un peu de recul, je pense sincèrement que ses travers les plus visibles (les autres, je laisse à Dieu d'en juger !), ses travers évidents, donc, sont à relativiser et surtout largement explicables, sinon excusables, par un parcours personnel difficile. Ainsi de son avarice qui peut être sordide.… Et même parfois atteindre des degrés surprenants, à sidérer Molière lui-même et son fameux Harpagon : par exemple il s'irrite lorsque son fils Pierrot, pour faire sa toilette du matin sur l'évier de la cuisine, utilise plusieurs petites cuvettes d'eau, un « gaspillage » qu'il trouve insupportable !... « Fais attention à l'argent », dira-t-il aussi à ma mère alors que, très diminué intellectuellement et physiquement, il est proche de l'agonie…

Mais (c'est évidemment le « mais » qui est important) comment oublier la misère (le mot n'est pas excessif) dont il a souffert dans la première partie de sa vie ? Et puis surtout cette avarice parfois surprenante ne l'empêche pas de se montrer très généreux lorsqu'il estime que c'est son devoir : il a aidé financièrement, et sans rechigner, sa mère et celle de sa première épouse. Et il a toujours répondu présent, et même généreusement, lorsqu'un de ses quatre enfants, peu importe lequel, a eu besoin d'argent. Il l'a d'ailleurs toujours fait avec le souci qu'aucun des quatre ne soit

120

désavantagé. Personnellement, pour ce qui est de ses accès de « radinerie », je lui donne sur ce point, et sans rechigner non plus (comme ses autres rejetons, j'ai profité de ses largesses), l'absolution pleine et entière...

De même sa propension à la vantardise qui s'exprime souvent naïvement sur des sujets très variés me semble difficilement dissociable de son parcours personnel. Une propension à la vantardise que j'ai déjà évoquée. Jamais par exemple il ne rate une occasion de souligner sa réussite professionnelle, en en rajoutant éventuellement un peu... Il peut aussi se révéler très volubile et même naïvement fanfaron sur d'autres sujets en face de visiteurs ou d'invités. Chacun doit alors entendre le récit de ses exploits et l'exposé de ses mérites. Ces jours-là, on le reconnait parfois à peine, lui plutôt taciturne dans le cercle étroit de la famille : à la fin du repas, au moment du café, il sort une petite boîte dans laquelle ses quelques décorations sont soigneusement rangées. Le clou, c'est la médaille de la Résistance qu'il exhibe avec une fierté particulière, extrayant en même temps de son portefeuille sa carte de résistant, barrée des trois couleurs nationales. A l'entendre, il affronte aussi avec une force de caractère sans faille les pires épreuves et tient à ce qu'on le sache. Fidèle à lui-même il n'hésite d'ailleurs pas à en rajouter. Il se vante de n'avoir pas consulté de médecin depuis des années, d'avoir « fait toutes ses angines debout », (comme moi, il est fragile de la gorge et doit subir au moins une ou deux angines par an). Tout cela est vrai, au moins globalement, mais il le proclame avec tant d'excès qu'on finirait presque par en douter ...

Sans vouloir lui chercher systématiquement des excuses (ça n'est ni mon genre ni mon intention...), je mets bien sûr ce trait de caractère au compte de la frustration : lui qui s'est tellement battu pour « réussir », il souffre que tous ses efforts lui aient apporté si peu de considération sociale. Et c'est vrai que si l'on met à part le prestige incontestable dont il jouit pendant quelques années dans sa famille, par contre pour le reste de ses relations, pour la société dans laquelle il vit, il n'est qu'un petit rond-de-cuir parmi beaucoup d'autres. Sur ce point il est d'ailleurs très lucide : « Je gagne beaucoup plus qu'un instituteur mais je suis loin d'avoir le même prestige ! » me fait-il remarquer un jour. Il est moins lucide, bien sûr, lorsqu'il multiplie les rodomontades mais finalement est-ce si grave ? Pas plus grave en tout cas que les vantardises beaucoup plus sophistiquées de certains bourgeois qui considèrent pourtant avec mépris ce « primaire » qui n'a comme seul « diplôme » qu'un parcours de vie difficile et une réussite modeste mais réelle.

Autre travers dont tous ses proches ont pu souffrir à l'occasion : sa dureté et même sa brutalité dans les rapports humains. L'empathie n'est pas vraiment son fort. Il ne supporte ni les larmes ni les plaintes. Toute forme de sensiblerie l'irrite même au plus haut point. Comment peut-on être aussi faible, aussi incapable de « prendre sur soi » ? pense-t-il souvent tellement fort que tout le monde l'entend !

Très jeune encore, je suis parfois témoin de scènes pour moi inoubliables. Un soir, il reçoit très mal ma demi-sœur Solange qui arrive en larmes chez nous après une grande dispute avec Robert, son mari, épousé quelques mois plus tôt. Furieux d'être ainsi dérangé, il lui jette à la figure : « Eh bien divorce, divorce ! » alors qu'elle répète en pleurant : « Mais je l'aime ; je l'aime ! » Malgré mon jeune âge (six ou sept ans à l'époque), je suis choqué. J'ai envie de crier à mon père : « Mais elle l'aime, puisqu'elle te dit qu'elle l'aime ! ». Mais (encore un

« mais » sur lequel je me permets d'insister) mais parce qu'il est fondamentalement un homme d'action et de devoir, il prend les choses en main : le lendemain de la grande dispute entre ma demi-sœur et son mari, il « fait un saut » comme il dit chez son beau-fils pour le raisonner... Selon les dires de mon père, l'entretien sera difficile mais finalement couronné de succès puisque ma demi-sœur, qui s'était réinstallée provisoirement avec nous au 194, réintègre le domicile conjugal.... Bref Louis ne compatit pas mais il agit... Un autre jour, il s'agace d'une crise de larmes et des gémissements de sa belle-fille, Yvette, qui vient d'apprendre la mort de son père... mais, connaissant mon père, je ne doute pas une seconde qu'il serait intervenu pour « aider » si c'était nécessaire... Peut-être d'ailleurs l'a-t-il fait !

A cette dureté, à cette insensibilité apparentes, je trouve aujourd'hui (plus qu'autrefois, je l'avoue) sinon des excuses au moins des explications : la première partie de sa vie a été parsemée de malheurs et d'humiliations dépassant largement la moyenne : à l'âge de onze ans, il a vu, exigé de voir, le corps disloqué, la tête écrasée de son père qu'on reconnaissait à peine, raconte-t-il lui-même : « On voulait m'en empêcher mais moi je voulais le voir et je l'ai vu. » Pour souligner le tragique de la situation qu'il avait vécue, il ne manque pas, lorsqu'il évoque ce terrible souvenir, de rappeler les derniers mots de son père, prononcés le matin même de l'accident mortel avant de partir travailler au port de Brest. « Si ça continue comme ça, on mangera bientôt des pierres ». Et la galère que Louis a subie les trois années suivantes, de l'âge de onze à quatorze ans, allant de petits boulots en petits boulots, puis ses difficiles débuts à l'Ecole des mousses l'ont à coup sûr durci pour le reste de sa vie...

De tous les aspects peu aimables du personnage, je suis tenté de proposer une sorte d'explication globale... Tout en étant conscient du côté à la fois dérisoire et présomptueux de l'entreprise...

Un mot d'abord sur les propos antisémites ou racistes qu'il tenait à l'occasion en famille.

Je ne l'ai entendu proférer des propos antisémites que deux ou trois fois, sous le coup de la colère, à l'occasion d'un conflit avec un de ses chefs qui faisait partie de la communauté. Trois fois de trop bien sûr, surtout alors que six millions de juifs européens venaient d'être exterminés avec la complicité d'une partie de la population française...

Par ailleurs il n'éprouvait guère vis-à-vis de tous les peuples colonisés par la France que méfiance et aversion. Il n'était certes pas du genre à se lancer dans les théories ou les explications mais le vocabulaire qu'il employait à l'occasion en famille (les « nègres », les « bicots ») ne laissait guère de doute sur ses convictions et ses sentiments. Sa seule « excuse » -je n'oublie pas les guillemets- était d'être né au tournant des XIXème et XXème siècles et d'avoir vécu jusqu'à l'âge mûr à une époque où les théories « raciales » étaient encore admises dans les milieux scientifiques. Où les plus grands noms des sciences humaines venaient de définir doctement une stricte hiérarchie des races humaines... Le « grand » Hippolyte Taine, « racialiste » convaincu, était mort en 1893, dix ans seulement avant la naissance de mon père ! Et jusqu'à la fin des années 1930, une partie du personnel politique et des intellectuels professait des opinions violemment antisémites et racistes. Dans presque toute l'Europe, y compris en France, on exposait même dans des zoos, à côtés des animaux, des groupes humains d'Afrique ou de Nouvelle-Calédonie (voir le film documentaire d'Alexandre Rosada et Mohamed Mektoub sur « L'exposition coloniale de 1931 »).

Louis n'était certes pas un intellectuel ! Il n'avait sans doute jamais entendu parler de MM. Taine et consorts ; je ne suis pas sûr non plus qu'il ait visité les « zoos humains » des années 1920 ou 1930, lorsqu'il était un adulte jeune ou dans la force de l'âge ; à ma connaissance, il n'avait jamais non plus fréquenté les milieux d'extrême-droite de cette époque... Tout cela est vrai... mais la société dans laquelle il avait vécu, les journaux populaires qu'il avait lus dans l'entre-deux guerres, étaient littéralement imbibés de ces théories et pratiques imbéciles.

Cela dit -qui devait l'être-, je n'ai pas l'intention d'exonérer mon père de toute responsabilité : d'autres hommes de sa génération, n'ayant pas bénéficié de plus d'instruction que lui, n'ont pas ressenti et exprimé les mêmes préjugés et la même absurde hostilité... Louis avait sa part d'ombre ou sa part sombre où le racisme figurait en bonne place. Mais, comment ignorer que du « racialisme » distingué et « scientifique » de MM. Taine et compagnie à tout ce qui a suivi, -y compris le racisme « ordinaire » d'un « fils du peuple » sans beaucoup d'instruction !-, il n'y avait qu'un pas, hélas souvent vite franchi...

Je crois par ailleurs que la petite (mais réelle) réussite professionnelle que mon père avait désirée si ardemment ; pour laquelle il s'était battu avec tant d'acharnement et d'obstination, avait fait de lui une sorte d'inadapté social. Il avait quitté l'univers d'où il venait, celui des pauvres, des prolétaires... mais il n'avait pas su ou pu intégrer celui des bourgeois, voire même des petits-bourgeois, faute d'en avoir compris et assimilé les codes et la culture. A l'âge de la maturité, il s'est trouvé ainsi coincé, si je puis dire, dans un entre-deux peu confortable. Un sort partagé par beaucoup de femmes mais surtout d'hommes de sa génération, dans une France, celle de l'après-guerre, en plein essor économique, en pleine transformation…

Sans se l'avouer à lui-même, il était d'ailleurs forcément conscient de son manque de culture bourgeoise dans son aspect le plus superficiel et en même temps le plus essentiel pour les rapports humains : ce « vernis », cet ensemble de petits riens, de codes parfois imperceptibles (imperceptibles pour le prolétaire, bien sûr !) qui ne s'acquiert que difficilement à l'âge adulte…

D'ailleurs, lui qui en général ne manifestait guère de compassion pour les déshérités, qui était un homme de droite pur et dur, qui pestait volontiers à l'occasion contre les paresseux et les bons à rien vivant de prestations, il était tout de même plus à l'aise dans la fréquentation des humbles que dans celle des bourgeois. Les petits, les déshérités le reconnaissaient parfois presque comme l'un des leurs. (Je dis bien « presque » car dès le début des années 1950, il commençait à disposer d'un compte en banque confortable, ce qui faisait tout de même une sacrée différence !). Beaucoup plus tard, lorsqu'une fois retraité il s'occupera de la gestion des pauvres masures héritées de mes grands-parents de Nogent, il aura d'ailleurs toujours un contact très facile avec les locataires, dont beaucoup tiraient le diable par la queue et discutaient le moindre centime de la moindre facture : les fins de mois difficiles, les difficultés à s'exprimer, il savait ce que c'était. Ça ne s'oublie jamais complètement même si ça n'est plus qu'un lointain souvenir ! La langue des humbles, les vrais, Louis l'avait apprise dans sa petite enfance. C'était resté la sienne.

126

Conscient ou pas de ses limites, Louis ne les admettrait bien sûr pour rien au monde. Alors de temps en temps il fanfaronne, déclare d'un ton sans réplique qu'il n'a rien à faire de toutes les bêtises des intellectuels et des soi-disant artistes. « Tout ça, c'est du cinéma ! » est une de ses expressions favorites. Il proclame volontiers qu'il s'en moque de tous ces bourgeois (on ne parle pas encore des bobos) « qui font des manières et des chichis ». A l'entendre, il n'a que mépris pour eux. Il y a bien sûr dans ces proclamations un océan de frustration. Ses origines, d'ailleurs, il les dissimule parfois de façon pathétique. En dehors de la famille, nul ne doit savoir d'où il vient. Surtout lorsqu'il fait avec naïveté, l'étalage de sa réussite professionnelle. Jamais il ne complète le tableau en indiquant qu'à onze ans, il gagnait déjà sa vie en vendant des journaux dans la rue !...

Admettre ce qu'il ressentait lui-même comme une infériorité (son absence de culture, de tout vernis bourgeois) lui aurait sans doute permis de vivre mieux, de s'ouvrir à ses proches mais ç'aurait été contraire à sa nature profonde qui était justement de n'en admettre aucune, de véritable infériorité, de ne jamais accepter la moindre remise en cause de sa personne, de l'image qu'il voulait donner de lui-même...

Parce que, n'est-ce pas, plus que jamais dans ces années d'après-guerre où grâce à son travail et sa ténacité il était enfin vraiment sorti de la pauvreté, il faisait partie des « forts », de ceux qui ne cèdent jamais, qui savent s'imposer, (bref des « dominants » mais à son époque le mot n'était pas encore à la mode...). Et c'est vrai qu'il était beaucoup plus « fort » que son entourage, que toute sa famille, épouse ou enfants. Qu'alors il nous écrasait tous un peu ! Comme probablement il écrasait aussi à la même époque ses collègues ou subordonnés de la RATP !

Un homme de devoir

S'il y a une qualité, au moins, qu'on ne peut lui contester, c'est bien de s'acquitter de tous les devoirs que son éducation et son milieu lui ont transmis : un milieu pauvre, catholique et dont la solidarité familiale est une valeur fondamentale, pour ne pas dire vitale, dans un pays (la France du début du vingtième siècle) où le « modèle social » français, avec ses prestations, ses allocations et indemnités diverses n'existe pas encore !

On pense évidemment d'abord à la solidarité financière : je l'ai déjà évoquée.

Mais Louis n'oublie jamais non plus qu'un chef de famille a dans la vie quotidienne des devoirs auxquels (c'est sa conviction), il ne peut se soustraire sous aucun prétexte. Par exemple avant-guerre, pendant sa courte période de veuvage qui précède son mariage avec ma mère, il s'occupe souvent le dimanche de l'association sportive de son entreprise mais, à cette même époque, le peu de temps de vrai loisir qui lui reste, c'est-à-dire quelques soirées, il le consacre à ses deux gamins orphelins, Solange et Pierrot. Il manque peut-être un peu d'idées mais enfin, il fait ce qu'il peut : un soir par semaine il les emmène dans un petit cinéma du quartier. « Il allait voir n'importe quel film avec eux ; il « sortait pour sortir », quel que soit le programme... Aller au cinéma pour « regarder » n'importe quoi : jamais je n'aurais fait ça ! » commente impitoyablement ma mère qui n'a guère d'indulgence lorsqu'elle évoque avec moi, d'ailleurs très rarement, la « vie d'avant » de son mari...

Je serais, moi, beaucoup moins sévère que ma mère : j'imagine mon père, en 1937 ou 1938, rentrant du bureau, un mercredi soir ou un samedi soir à sept heures et demi bien sonnées, après une dizaine d'heures de travail... Un peu crevé et plutôt de mauvaise humeur mais renonçant, malgré la fatigue, à ses rites habituels. Des rites qui ne changeront pas d'un iota pendant les trente années qui vont suivre et qui consistent à se « mettre à l'aise », c'est-à-dire enfiler ses chaussons et son vieux pantalon usé jusqu'à la corde ; à étaler son journal sur la table de la « salle à manger » pour en lire soigneusement chaque page »...) Je le vois donc, ce jour-là, renonçant malgré la fatigue à son moment de détente habituel et s'attelant immédiatement à la préparation du repas du soir puis houspillant ses deux gamins pour qu'ils viennent manger et se préparent afin de ne pas rater la séance du soir (dans les cinémas de quartier, elle commence invariablement à vingt et une heures et mieux vaut arriver un peu en avance car il y a toujours beaucoup de monde le mercredi ou le samedi soir, veilles de jours « sans école »...).

Par contre, je doute fort, je dois le dire, qu'il aide si peu que ce soit ses enfants pour leurs devoirs d'école. Pas plus, d'ailleurs, le mercredi ou le samedi que les autres soirs de la semaine : il n'a vraiment aucune patience pour ce genre de choses. C'est vraiment au-dessus de ses forces et son sens du devoir a quand même des limites !

Mais il n'admettrait pas la moindre réflexion, la moindre critique sur la façon dont il joue son rôle de père : ses enfants, vraiment, ne manquent de rien ! Ils n'ont vraiment aucune raison de se plaindre ! Et qu'on ne vienne pas essayer de lui expliquer que, peut-être, ces deux gamins qui viennent de perdre leur mère auraient aussi besoin qu'on s'intéresse de plus près à leur vie scolaire, à leur vie tout court, et qu'on leur dise de temps en temps qu'on les aime, qu'on comprend leurs angoisses. Mais il est vrai que personne ne lui a sûrement jamais dit non plus, à lui, que s'attendrir un peu, quelquefois ça n'est ni inutile ni déshonorant. Sa mère (ma grand-mère Colin dont je reparlerai) était une femme énergique qui avait élevé seule ou à peu près ses quatre enfants dans des conditions proches d'un dénuement absolu mais, pour le peu que je l'ai connue, elle n'était pas du genre à s'attendrir… La vie, d'ailleurs, ne lui en avait guère laissé le loisir…

Si Louis était le contraire d'un sentimental, par contre jamais il n'aurait délaissé ses deux grands enfants, ni oublié ce que, de son point de vue, il leur « devait » : lorsqu'il épouse Geneviève, ma mère, en 1939, le contrat implicite, c'est qu'elle jouera le rôle d'une mère de substitution pour les deux orphelins. Et Geneviève qui sera si souvent en conflit avec sa belle-fille sait aussi dès le départ, que la présence au foyer de Solange n'est pas négociable, qu'elle devra s'en accommoder. De fait, malgré toutes les querelles et les conflits récurrents, la petite Solange, bénéficiant du soutien paternel, parfois brutal mais indéfectible, restera au foyer familial jusqu'à son mariage à l'âge de vingt-quatre ans ! Là encore, Louis aura fait son devoir, tel qu'il le conçoit, vis-à-vis de ses deux aînés. Bien maladroitement sans doute : entre sa nouvelle femme et ses deux enfants adolescents puis bientôt adultes, il n'est pas le médiateur idéal, c'est le moins qu'on puisse dire ; il est même souvent d'une maladresse insigne… mais au bout du compte il aura assuré, contre vents et marées, ce qui pour lui était l'essentiel : l'assemblage, (pour ne pas dire l'attelage !), familial, un attelage plutôt mal assorti, a finalement tenu jusqu'au bout, parfois dans les larmes et les cris mais il a tenu…

Plus tard avec ma sœur et moi-même, il ne s'impliquera guère dans les problèmes quotidiens d'éducation ou d'élevage, qu'il estime être du domaine de son épouse et au quotidien, il sera peu présent, ne jouera pas avec nous, nous parlera peu, ne plaisantera jamais avec nous… mais, je l'ai dit, il ne ratera jamais une promenade du dimanche et fera même l'effort (pour lui, c'en est vraiment un !) de nous accompagner dans les diverses sorties culturelles concoctées par ma mère : musées et même théâtres. Là encore, il aura fait ce qu'il estime être son devoir.

Il est très fier, d'ailleurs, de nos résultats scolaires lorsqu'ils sont bons et ma mère n'a pas de mal à le convaincre que ces sorties sont utiles et même indispensables à nos succès et à notre réussite. Je me souviens de sa fierté dans la courte période (lorsque j'ai onze, douze ans) où, malgré de médiocres résultats en mathématiques (je suis décidément brouillé avec les chiffres) je ramène d'excellents bulletins scolaires. Tout juste s'il n'exhiberait pas mes bulletins comme il le fait alors volontiers de sa médaille de la Résistance !...

Et bien entendu, malgré son côté très rugueux, il n'est pas un monstre de froideur et d'insensibilité : à l'évidence il éprouve aussi réellement pour ses proches beaucoup d'affection et d'attachement, même s'il ne les manifeste que très rarement, très difficilement… A la mort de Solange, sa fille aînée, c'est lui qui, âgé alors de plus de quatre-vingts ans, prendra en charge de bout en bout l'organisation des obsèques, faisant les démarches seul et sans trahir la moindre émotion. Mais ma mère me confiera plus tard qu'après la cérémonie il tombera les jours suivants dans un état de profond abattement, proche de la dépression et dont il ne sortira que difficilement.

Politiquement, comme je l'ai dit, et ça ne peut surprendre personne, c'est de la droite dure qu'il est le plus proche. Ses valeurs, c'est avant tout le travail, la discipline, l'effort individuel... Et son sens aigu de la solidarité se limite strictement, presqu'exclusivement, à la sphère familiale. Lui qui dans son enfance a vécu les pires injustices, il est parfaitement hermétique à la notion de justice sociale et son respect de l'ordre établi est instinctif. Dans son comportement il est le contraire d'un révolté : dans la Marine il accepte successivement l'impitoyable discipline de l'école des Mousses, puis l'humble travail de « pointeur » qu'il trouve, en arrivant à Paris, dans une petite compagnie de transport, la Nord-Sud. A chaque fois il joue le jeu, adopte une attitude « positive », et se donne à fond pour donner satisfaction à ses supérieurs, pour « réussir ». Il lui arrive souvent de pester contre la sottise de ses chefs, leur ingratitude mais l'idée ne lui viendrait jamais de remettre en cause le système ou l'organisation de la société.... Le personnage est tout d'un bloc et parfaitement cohérent : c'est un lutteur, un vrai, mais qui ne remet jamais en cause les règles du jeu.

Il n'est pas, bien sûr, homme à se poser de grandes questions métaphysiques mais il croit en Dieu puisque depuis toujours les « autorités », ses parents et ses maîtres, lui ont assuré que Dieu existe. Il respecte même des rites remontant sans doute à son enfance et aujourd'hui surprenants : jamais il n'entamerait un pain sans y faire au dos avec son couteau une grande croix. Mais comme beaucoup d'hommes de son époque, c'est un catholique « demi-pratiquant » : il va à la messe en famille tous les dimanches mais garde ses distances vis-à-vis des pratiques religieuses les plus « invasives » : il ne va jamais à confesse et, même à Pâques, il ne communie pas.

12

Monique… et moi !

Monique

Lorsque mon histoire commence, à l'époque du fameux cri, Monique, née dans l'appartement familial quinze mois avant moi, a déjà, à quatre ou cinq ans à peine, un passé chargé d'angoisses et de souffrances : prématurée et pesant tout juste un kilo à la naissance, elle n'a survécu que par miracle : en pleine guerre, il n'était pas question d'hospitalisation et de couveuse. A sa sortie du ventre maternel, on l'a donc mise dans une boîte à chaussures garnie de coton et on s'est précipité pour trouver un prêtre disponible pour l'ondoyer. Très important cet ondoiement, cet ersatz de baptême qui en cas de décès aurait permis à Monique d'accéder au paradis immédiatement, sans passer par les limbes. Très important car on croit dur comme fer à toute la mythologie catholique de l'époque. Monique a finalement survécu, on ne sait pas très bien comment mais ses premiers mois ont été pour ma mère une source d'angoisse constante car elle a dû batailler ferme pour faire boire puis manger une enfant qui, décidément, ne semblait guère avoir envie de vivre.

Mais avec la petite Monique, les difficultés ne faisaient que commencer : alors que ma naissance à moi s'annonçait déjà (une très mauvaise surprise, d'ailleurs), la petite survivante a été au centre d'une nouvelle tragédie : on a découvert qu'elle souffrait d'une luxation très sévère d'une hanche, une pathologie fréquente, paraît-il, chez les personnes du Sud-Finistère, la région bretonne dont mon père était originaire. Bref, Monique risquait de ne jamais marcher, en tout cas de ne jamais marcher normalement. Or en 1941 on est en pleine guerre et ça flotte sérieusement du côté médical. Le même médecin qui à l'hôpital avait décrété une opération « indispensable » déclare quelques jours plus tard en consultation privée (et bien rémunérée) qu'une opération « sanglante » (c'est le mot qu'il emploie et que ma mère répètera souvent avec terreur en narrant l'anecdote), une telle opération serait « fatale à l'enfant ». Finalement Monique ne sera pas opérée, Mais elle passera ses jeunes années dans un plâtre et -c'est le miracle numéro deux- marchera, certes très tard mais à peu près normalement. Avec tout de même une légère boiterie et en souffrant dès qu'elle doit faire un parcours un peu long. Ses problèmes s'accentueront d'ailleurs dramatiquement avec l'âge. Même les miracles ont quelquefois leurs limites...

Moi : Un heureux accident ?

Le petit dernier, c'est moi. J'insiste sur le mot « dernier » car je soupçonne que l'annonce de ma naissance (en pleine guerre et alors que les difficultés familiales s'accumulaient) a été une telle catastrophe que mes parents, Louis et Geneviève, ont pris des mesures radicales pour que cette naissance soit effectivement la dernière. Je ne dispose d'aucune information sur le sujet sauf une remarque de mon père se plaignant amèrement du très faible intérêt de ma mère pour les choses du sexe. Quant à moi, je suis arrivé, dira plusieurs fois ma mère en ma présence, « sans tambours ni trompettes ». L'expression lui plaisait beaucoup. En termes moins poétiques, j'ai été conçu, juste après la naissance de ma sœur, alors que mes géniteurs croyaient, en faisant l'amour, ne courir aucun risque (ou presque !) d'agrandir la famille. Quoi qu'il en soit, ma naissance à venir a été une tuile qu'il a bien fallu gérer. Un avortement était certainement impensable pour la bonne catholique qu'était ma mère et difficilement envisageable pour mon père. Je soupçonne, soit dit en passant, que le décès, à l'âge de trente-deux ans et suite à une « infection généralisée », de sa première épouse a pu résulter d'un avortement ayant mal tourné... Faut-il rappeler par ailleurs que dans la France du maréchal Pétain, celle de ma conception et de ma naissance (en 1942), une femme fut guillotinée, à titre d'exemple (!), en 1943, pour avoir pratiqué des avortements...

Heureusement je me suis « élevé tout seul » (toujours selon ma mère qui savait, depuis la naissance de ma sœur, ce que c'était qu'un enfant « qui ne s'élève pas tout seul »). Il paraît que, contrairement à ma sœur, je mangeais tout ce qu'on me donnait. Bref l'enfant idéal. Pourtant sur les photos les plus anciennes de moi-même, du moins celles que je connais et qui, pour la plupart, datent il est vrai de quelques années plus tard, je suis plutôt maigrichon. Je suis un assez bel enfant pourtant, aux traits réguliers mais qui connaîtra assez vite « mutatis mutandis » la même tragédie que le très illustre Jean-Paul Sartre (voir « Les Mots »). En ce qui me concerne le bel enfant ne perdra pas ses boucles blondes (il n'en a pas ou si peu !) mais il se muera en un adolescent aux traits un peu ingrats et à l'allure austère : le visage d'un prêtre, diront les plus indulgents. Contrairement à celle du « grand » philosophe, ma transformation physique a donc été lente et très progressive, dépourvue de tout événement mémorable et spectaculaire, et n'a laissé de traces ni dans l'histoire littéraire ni même dans ma mémoire.

L'accident qu'a été ma naissance a tout de même ses bons côtés, surtout pour ma mère : non seulement je m'élève tout seul mais dans ma petite enfance, je suis un tendre et, chaque soir, jusqu'à un âge que je suis incapable de préciser, je réclame un câlin et le droit (qui m'est accordé) de rester un moment sur les genoux maternels. Je ne suis pas sûr que ma mère en soit très émue mais elle en tire la conclusion que « les garçons sont plus affectueux que les filles », une conviction que je l'entendrai exprimer plusieurs fois. Les (bonnes) fées se seraient-elles penchées sur moi ? L'enfant que personne n'attendait, -ni à vrai dire ne souhaitait-, serait-il l'enfant du miracle ? Pas si sûr !

Un enfant peu épanoui…

Car dès mon plus jeune âge, je suis aussi un enfant anxieux, peu épanoui, timoré.

Les signes de mal-être ne manquent pas : d'abord, je dors très mal. Dans mon petit « lit-cage » de la « chambre/salle à manger », je tourne et me retourne, transpirant, baignant dans la sueur, attendant un sommeil qui ne vient pas. Je suis sujet aussi à des phobies récurrentes : j'ai peur de recevoir sur la tête une petite bibliothèque vitrée accrochée au mur, juste au-dessus de moi. J'attends désespérément l'heure du laitier et ça n'est pas une blague : une voiture « hippomobile », c'est à dire tirée encore à l'époque, la fin des années 1940, par des chevaux passe très tard pour livrer le petit café-épicerie situé juste en face de notre immeuble. Souvent, hélas, je veille bien après l'heure du laitier... Et quand je dors enfin, je cauchemarde parfois sérieusement : un de mes rêves récurrents est de tomber dans un gouffre sans fond... Rien de très « cool » comme on dirait aujourd'hui !

Parfois aussi je suis saisi d'angoisses « métaphysiques ». Façon de parler, bien sûr ! L'idée de la mort m'intrigue, me paraît incompréhensible. Lorsqu'un de nos voisins succombe du jour au lendemain de je ne sais quelle maladie ou quel accident, je me pose pour la première fois, à six ou sept ans, *la* question : comment un type normal, comme vous et moi, qui la veille encore menait sa petite vie tranquille, peut-il basculer définitivement dans... dans on ne sait pas trop quoi justement, c'est ça le problème !... Ce qui est sûr, c'est qu'on n'en revient pas ! A moins bien sûr de se transformer en fantôme... Sur ce « on ne sait pas trop quoi » le catéchisme que je fréquenterai dès l'âge de sept ou huit ans me proposera une réponse a priori apaisante puisqu'il s'agit, m'explique-t-on, de la vie éternelle. Eternelle, rien que ça ! ... mais finalement ladite explication n'est pas vraiment de nature à me rassurer : le paradis, c'est idéal, bien sûr et le purgatoire, on peut à la rigueur s'en accommoder... oui mais la menace de l'enfer, moi je la prendrai très au sérieux et telle qu'on me la présente, il n'y a vraiment pas de quoi rire !

Bref à quatre ou cinq ans, je vivais dans la terreur d'être « mis au pensionnat », donc abandonné par mes parents ; à cinq ou six ans j'angoissais dans la peur de la mort... et deux ou trois ans plus tard, en bon petit catholique, je vis maintenant sous la menace permanente des feux de l'enfer. Une menace terrible et vague à la fois car comment être sûr qu'on ne va pas un jour, dans un fatal moment d'égarement, commettre l'un de ces fameux péchés mortels qui vous condamnent à la damnation éternelle ?

Décidément, pour un petit craintif comme moi, l'enfance n'est pas, ne sera pas, un chemin de roses…

…peu sociable…

Conséquence logique de mon mal-être, je suis généralement peu à l'aise avec les enfants de mon âge. Je compense, ou j'essaie de compenser, le relatif isolement qui en résulte en m'inventant (vers six ou sept ans) un ou (vers onze ans) une ami(e) idéal(e) qui me comprend, qui a les mêmes goûts que moi… Un compagnon ou une compagne exclusive, bien sûr, car être l'ami de quelqu'un qui est l'ami(e) de tout le monde, franchement quel intérêt ? En tout cas moi, c'est ainsi que je vois les choses… Cette vie fantasmée, virtuelle (mais d'avant l'ère du numérique !) me permet de mieux supporter les rigueurs de la réalité ; elle adoucit un peu, parfois, la dureté des heures pendant lesquelles le sommeil ne vient pas…

Capable tout de même de me faire, à défaut d'amis idéaux, quelques relations (en chair et en os si je puis dire !) je suis par contre peu doué pour m'insérer dans un groupe. Cette difficulté à s'intégrer dans une société quelle qu'elle soit, à s'y adapter, à s'y faire une place est probablement un trait de caractère inné, profondément ancré dans ma personnalité. Mais l'isolement indéniable dans lequel notre mère nous a maintenus, ma sœur et moi, durant l'enfance n'a pu que renforcer ce trait. D'ailleurs, autant qu'il m'en souvienne, les débuts à l'école de ma sœur, élevée dans des conditions identiques, ont été à peu près aussi laborieux que les miens… Comment en effet se sentir à l'aise dans une cour de récréation où l'on débarque à six ans sans avoir ou presque la moindre expérience de relations avec d'autres enfants de son âge… Qui eux, pour la plupart, et à des degrés divers bien entendu, ont déjà fait l'apprentissage de la vie sociale !

Pour compléter l'état des lieux, j'ajoute (mais est-ce bien nécessaire de le préciser ?) que dans la cour de récréation je ne suis pas du tout non plus un leader naturel, un « dominant ». Sur ce plan, n'importe quel psychologue américain m'aurait attribué sans hésiter, et à juste titre, un irrémédiable zéro pointé ! Après des débuts difficiles, en effet, je ne serai plus isolé au milieu de mes congénères, je deviendrai un membre comme les autres de la petite société des élèves de la « communale » mais je resterai un « suiveur » ou, selon la terminologie d'aujourd'hui, un « dominé »…

… et (légèrement) coléreux…

Je suis aussi (déjà !) capable de colères terribles. Cette propension à la colère rentrée, qui confine souvent à la rage muette et potentiellement meurtrière, se confirmera les années suivantes et je me souviens d'avoir, bien plus tard, vers neuf ou dix ans, copieusement (mais silencieusement et disons-le très lâchement !) insulté mes parents qui ne voulaient pas céder à ce qu'ils estimaient être un caprice.

Un trait (la colère) qui remonte d'ailleurs à ma toute petite enfance. A deux ou trois ans, (me rappelait-on !), encore privé que j'étais de tout « surmoi », je piquais, paraît-il, des colères terribles : n'avais-je pas brisé d'un coup de pied l'une des vitres de verre (du vitrail ou du verre dépoli) éclairant l'escalier de l'immeuble. La remplacer aux frais de mes parents n'avait pas été, paraît-il une mince affaire... C'était même resté dans la chronique familiale à tel point qu'aujourd'hui encore je me vois accomplir ce forfait, tout en étant persuadé qu'il s'agit typiquement d'un souvenir construit après-coup.

Par contre, je me souviens très bien (à coup sûr, un « vrai » souvenir cette fois) d'un autre acte de rébellion. Un véritable acte antipatriotique commis vers l'âge de cinq ou six ans, Probablement au tout début de l'école primaire. Et, circonstance aggravante, à une époque où le patriotisme, sous toutes ses formes, était une vertu socialement obligatoire dans un pays humilié par une défaite militaire infâmante, suivie de quatre années d'Occupation allemande ; une époque où tout le monde accrochait le drapeau tricolore à son balcon, au moins une fois par an, le 14 juillet. Soit dit en passant, ceux qui avaient collaboré le plus avec l'occupant accrochaient probablement des drapeaux encore plus grands que la moyenne...

Mais j'en reviens à mon forfait personnel de « lèse-patriotisme ». Ce jour-là c'est le 11 Novembre et il fait froid. Toute la classe est rassemblée pour chanter la Marseillaise devant une petite stèle commémorative située à côté du commissariat de police -qui à l'époque se situe en face de l'école des garçons, à l'arrière de la mairie du douzième arrondissement. Les jours précédents l'institutrice nous a laborieusement fait répéter les paroles et l'air de l'hymne national. A l'instant fatidique, alors que tous les parents et les anciens combattants sont massés autour de nous pour nous écouter chanter, ma mère se précipite vers moi et, malgré mes véhémentes protestations, me noue un foulard autour du cou. Je suis si furieux que je garde la bouche obstinément fermée pendant que mes camarades braillent l'hymne national. Comme du fait de ma petite taille, je suis au premier rang, ça se remarque forcément un peu mais j'en suis quitte ce jour-là pour une engueulade parentale assez modérée : les conséquences ne sont pas trop graves ; au moins, cette fois, il n'y a pas de vitre à remplacer...

13

Solange (et Robert…)

Un caractère affirmé

Depuis l'âge de 14 ans, Solange travaille comme vendeuse aux grands magasins du Printemps. Elle y restera jusqu'à sa retraite anticipée, très peu de temps avant son décès à l'âge de cinquante-cinq ans. Quarante ans, pour une vendeuse de grands magasins, ça fait beaucoup de kilomètres parcourus entre les rayons et les présentoirs. Ça fait aussi beaucoup de clients et clientes… que d'ailleurs, avec sa fougue habituelle elle envoie quelquefois promener… J'en suis témoin à deux ou trois reprises dans les circonstances suivantes : ma mère adore les magasins, en particulier, ceux du Printemps où, le jeudi, elle nous traîne souvent, ma sœur et moi (probablement une des raisons pour lesquelles aujourd'hui je supporte difficilement ce genre d'endroits !). Et quand enfin Geneviève a terminé ses emplettes (en général trois fois rien… mais acheté en quelques heures de déambulation d'un étage à l'autre), bref quand il est enfin l'heure de rentrer, nous allons au « rayon » où travaille Solange pour lui demander de signer un document : une signature grâce à laquelle ma mère bénéficie de la réduction de 15% réservée aux employés (et par extension à leur famille ! ...).

Tout en signant, Solange entame alors avec ma mère une discussion qui se termine généralement par une engueulade à mots couverts et à voix basse (il y a toujours un chef de rayon pas très loin...). Solange, donc, dans ces moments-là, ne crie pas... mais malheur alors au client ou à la cliente qui, n'ayant rien remarqué de la discrète algarade en cours, interroge la petite Solange sur la qualité d'une paire de chaussettes ou le prix d'un caleçon : il apprendra à ses dépens qu'on ne dérange pas une vendeuse déjà très occupée... Par ailleurs ma petite demi-sœur ne rechigne pas à la besogne : par exemple tous les mois de décembre, elle se porte volontaire pour renforcer le rayon des jouets. Pendant trois ou quatre semaines, elle y affronte la terrible bousculade qui précède les fêtes de Noël mais c'est le prix à payer pour profiter des primes exceptionnelles distribuées à cette occasion par la Direction.

Solange est alors une toute petite brune très vive et assez jolie, mais qui s'empâtera vite avec les années. Jusqu'à son mariage, elle sera traitée comme une gamine par Louis, son père -un peu tyran sur les bords, comme d'ailleurs à l'époque tout bon chef de famille qui se respecte. A court terme l'ambition de Solange est alors de se marier avec un garçon « beau et grand » (dixit ma mère). Quatre ou cinq ans après avoir poussé en pleine nuit son fameux cri (Tue-moi, Papa !), elle y parviendra enfin, à l'âge canonique, au moins pour l'époque, de vingt-quatre ans : elle épouse alors l'homme de sa vie, Robert, un grand blond (1 mètre 79, une taille considérable pour l'époque) au rire facile, à l'accent titi parisien très marqué (Il est né près de chez nous, dans l'une des maisons qui donne sur la place Rambouillet, et il a passé toute sa jeunesse dans le faubourg Saint

Antoine, pas très loin de la Bastille). C'est un type un peu nonchalant mais très sympathique.

Nous les enfants, je veux dire ma sœur et moi, - moi en particulier-, on a tout de suite été sous le charme avec Robert. Il connaissait des jeux fascinants qu'on pouvait organiser avec trois fois rien : quelques allumettes, un verre à eau, que sais-je... Et même, excusez du peu, il me faisait sauter sur ses genoux ! Un peu plus tard, peut-être pour plaire à Solange ou faire bonne impression à mon père (il y avait forcément de ça !), il m'emmena au vieux stade de Colombes pour assister à une rencontre internationale de football, un France-Russie qui fut hélas en partie gâché par la blessure d'un joueur vedette, un certain Roger Marche aux allures de papi débonnaire... L'heure des footballeurs archimillionnaires, avec coiffures ahurissantes, voitures de sport rutilantes et top-modèles éblouissantes, n'avait pas encore sonné ! Je devais avoir à peu près sept ou huit ans. Comment oublier un pareil événement ?

Mais surtout Robert aimait plaisanter, rire de tout et de n'importe quoi. Dans l'atmosphère morose et tristounette où nous vivions, son arrivée c'était à chaque fois un rayon de soleil qui réussissait miraculeusement à pénétrer dans notre appartement -d'ailleurs orienté au Nord, je le précise. A l'époque les seules réunions familiales dont l'attrait pouvait se comparer pour moi à celles de Robert étaient celles avec mon oncle René et sa femme Rosette. Mais Robert avait, sur ce couple d'âge mûr, l'avantage de la jeunesse, de l'insouciance...

Très décontracté, Robert est aussi un peu flemmard et n'a sûrement pas fait grand-chose à l'école. Au retour du service militaire, et faute de mieux, il a travaillé avec son père, un petit artisan peintre en bâtiment. Un travail qui de toute évidence ne l'enchante pas. Tout de suite après son mariage, il entreprend tout de même de refaire les peintures et de poser du papier peint dans notre appartement de la rue de Charenton. Notre logement avait sans doute besoin d'être rafraîchi mais je soupçonne aussi qu'il s'agissait pour mon beau-frère de s'occuper en gagnant un peu d'argent. Lorsqu'il travaille, Robert n'est plus alors le joyeux drille de l'histoire : j'entends encore, soixante-dix ans plus tard, ses jurons sonores et ses « putains de métier ! », qui résonnent dans tout l'appartement, prononcés bien sûr en l'absence de mes parents...

L'histoire de Solange et Robert connaîtra des hauts et des bas mais se poursuivra jusqu'à la mort prématurée de Solange...

Au moment critique (surtout pour moi que ça perturbe tout de même un peu !), à ce moment, donc, où elle suggère à son père de l'assassiner (le cri, le fameux cri qui en 1945 me tire en pleine nuit du sommeil et de mon néant !), elle ne fréquente pas encore Robert. En tout cas pas officiellement puisqu'il n'a pas encore été « présenté aux parents ». Elle est d'ailleurs alors tout juste majeure, la barre étant fixée pour longtemps encore à vingt et un an. Son modeste salaire de petite vendeuse lui rendrait très difficile, voire impossible, de prendre un logement indépendant sans l'aide de son père... qui bien sûr trouverait une telle demande absurde, impensable. Et vivre en concubinage avec un amoureux, il n'en est évidemment pas question dans ce monde aux mœurs encore « archaïques » (selon les critères d'aujourd'hui) qu'est la France d'après-guerre... Alors Solange, rebelle mais pas téméraire ou inconsciente, attend son heure, ronge son frein. Même si au 194 de la rue de Charenton, l'atmosphère n'est pas toujours au beau fixe dans ces dernières années de la décennie 1940...

Car avec sa belle-mère Geneviève, c'est-à-dire ma mère, le torchon avait brûlé presqu'immédiatement (selon les confidences ultérieures de Geneviève elle-même). Il faut dire que la situation s'y prêtait. La petite Solange avait déjà environ quatorze ans quand ma mère avait débarqué dans le trio formé par mon père et ses deux grands enfants. Elle venait juste de terminer l'école où elle n'avait pas fait des étincelles. La première tâche de Geneviève, assumant son nouveau rôle de belle-mère ou de « mère de substitution », avait été d'aller présenter l'adolescente aux grands magasins du Printemps. Lesquels embauchèrent immédiatement la jolie brunette. Bien entendu, depuis la mort de sa mère, quelques années plus tôt, ladite brunette s'était habituée à une certaine indépendance. « Quand je me suis mariée », dira plus tard ma mère, parlant avec une naïveté non feinte de sa « petite » belle-fille, « j'espérais m'en faire une amie ». Solange, elle, avait eu bien entendu dès le début comme principale préoccupation non de se faire une amie (elle en avait déjà sûrement beaucoup) mais plutôt de ne pas « se laisser faire » par sa nouvelle belle-mère. Qu'elle appelait parfois, un peu curieusement et dans ses meilleurs moments, « Petite-mère ».

Pendant quelques années c'est une guerre, Dieu merci moins meurtrière que celle dont le monde est tout juste en train de sortir en 1945, qui se livrera dans ce petit appartement parisien du 194 rue de Charenton. Tantôt ouverte, tantôt larvée, elle ne s'achèvera vraiment qu'avec la mort des protagonistes.

Car même après le mariage de Solange les affrontements entre les deux femmes continueront et tourneront alors assez souvent à l'avantage de Geneviève : la « Petite-mère » est sans doute moins encline que sa belle-fille à faire de grandes scènes improvisées (encore que...), mais elle est aussi, au bénéfice de l'âge et malgré une évidente naïveté, un peu plus rusée, plus solide, plus résistante que son explosive petite belle-fille. Je me souviens d'une dispute spectaculaire entre les deux femmes, rue de Charenton, en l'absence de mon père. Solange, déjà jeune mariée, avait quitté notre appartement hors d'elle en claquant brutalement la porte. Dans les secondes qui ont suivi, ma mère qui venait de proférer des cris d'exaspération et de désespoir, s'adressait à ma sœur et à moi très tranquillement, presque de bonne humeur : visiblement la dispute ne l'avait en fait nullement affectée. Du haut de mes... sept ou huit ans (ou un peu plus... en tout cas j'étais encore vraiment un gamin), je me souviens d'avoir pensé ce jour-là que dans ces scènes récurrentes, dont en général l'objet m'échappait, les torts étaient certainement partagés.

Jusqu'à son mariage fin 1947 ou début 1948, Solange occupe la troisième pièce de l'appartement, la toute petite chambre où se casent tout de même un lit d'une personne, un bureau et une petite armoire. Elle y a rassemblé sur une étagère une collection de « produits de beauté », qui m'impressionne beaucoup : des petits flacons de toutes les formes et de toutes les couleurs. Il y a aussi quelques citrons dont on (le « on » c'est sans doute ma mère) dont on m'explique un jour qu'elle les consomme pour ne pas grossir... Curieuse préoccupation, à première vue, que celle de vouloir maigrir à cette époque (la fin des années 1940) où l'alimentation est encore assez sévèrement rationnée ! Mais normale sans doute pour une jeune femme qui a une nette tendance à l'embonpoint et qui rêve d'épouser un bel homme (rêve qu'elle réalisera seulement, rappelons-le, à l'âge d'environ vingt-quatre ans).

En attendant, quand elle ne travaille pas, elle sort autant qu'elle peut. Elle nous aime bien, peut-être, ma sœur Monique et moi, mais elle n'est certes pas responsable de notre arrivée dans le cercle familial et lorsqu'elle en a fini avec ses longues heures de travail aux magasins du Printemps, elle ne souhaite sûrement pas nous avoir trop souvent sur le dos. Il arrive tout de même qu'elle nous prenne en charge puisqu'un jour, (anecdote relatée par ma mère), alors que j'avais à peine un an, elle m'a ramené d'une visite chez sa grand-mère maternelle, nanti d'une énorme bosse sur le front, soi-disant (dixit ma mère) parce que je m'étais cogné en gigotant par terre. En fait parce qu'elle m'avait laissé tomber d'une table... Il semble d'ailleurs qu'à l'époque je tombais facilement des tables...

Selon une autre confidence tardive, et un peu perverse, de ma mère, c'est aussi Solange qui a ramené un jour à la maison, le « martinet » : ce petit fouet que Geneviève utilisera assez souvent à mes dépens et qui deviendra donc un accessoire indispensable à mon élevage. Bref ma chère mère s'en servait pas mal de cet engin mais à l'entendre elle n'était pour rien dans sa présence au 194 de la rue de Charenton (4ème, face)...

Donc Solange ne sera pas pour nous une grande sœur aimante et attentive, comme on en voit dans les feuilletons. Pourtant les quelques bribes de mes souvenirs associent plutôt à des impressions agréables la présence de cette jeune femme qui aurait pu être ma mère. Je me souviens qu'elle nous apprend un jour à lire l'heure, à ma sœur Monique et à moi, et qu'elle y passe un bon moment : sans doute n'étions-nous pas très doués ! Mais il s'agit probablement d'un événement exceptionnel. Un autre de mes rares souvenirs avec ma demi-sœur : un après-midi elle m'emmène au cinéma ! Chargée ce jour-là de me promener, elle a, en cachette des parents bien sûr, pris rendez-vous avec quelques copains. Une joyeuse petite bande avec laquelle nous allons dans une salle du quartier (je pourrais retrouver sans peine l'endroit exact où elle se trouvait, à deux pas de la place Daumesnil, aujourd'hui place Félix Eboué). C'est ma toute première expérience du septième art. Expérience vraiment magique, fascinante, au point qu'aujourd'hui encore je peux presque revoir, très vaguement bien sûr, certaines des images qui défilent sur l'écran : il est question de matelots et de voyage en mer… Ça ne s'oublie pas. Pas plus qu'un cri entendu dans une nuit noire. Bien entendu, ce jour-là, Solange me fait jurer de ne rien raconter et je serai muet comme une tombe…

Solange se marie

J'avais seulement six ans environ lors du mariage de Solange et Robert qui eut lieu en 1947/1948, peu de temps avant celui de mon demi-frère Pierrot mais je m'en souviens assez bien.

D'abord parce que cet événement fut l'occasion d'une fête d'un luxe inouï -inouï, bien sûr, pour l'époque et surtout pour les petits bourgeois que de fait nous étions restés… ou devenus, grâce à la situation professionnelle de mon père (maintenant *au moins,* chef de bureau, avec des perspectives d'atteindre bientôt le niveau de sous-chef de service ou de division, excusez du peu !). Mais petits bourgeois, nous l'étions aussi, je le rappelle, grâce aux origines de ma mère (fille de petits bourgeois fauchés mais propriétaires de plusieurs masures, la plupart en ruine…).

En fait si je me souviens si bien de cette belle cérémonie, c'est surtout parce qu'elle s'est terminée par un désastre. Le drame fut même évité de justesse. Je ne résiste pas au plaisir de narrer l'événement…

Solange avait insisté depuis longtemps pour avoir un « grand » mariage. Comment elle avait réussi à persuader mon père, qui n'était guère porté à la dépense, de réaliser ce rêve d'enfant, je n'en ai aucune idée. Je rappellerai tout de même encore une fois que ma petite demi-sœur travaillait depuis l'âge de quatorze ans… La famille du marié, Robert, avait aussi joué le jeu et très certainement payé sa quote-part, calculée selon les usages en fonction du nombre d'invités de chaque famille. Soit dit en passant, les parents de Robert n'étaient pas riches : son père portait un nom ronflant qui impressionnait tout le monde (Le Dieu de Ville !) mais c'était un petit artisan, peintre en bâtiment, qui travaillait seul et à l'évidence, ne roulait pas sur l'or. Quoi qu'il en soit, Robert étant fils unique, ses parents avaient probablement accepté facilement de claquer leurs petites économies pour participer à la réalisation d'un « grand » mariage…

Ce fut effectivement grandiose. Pour commencer, on avait loué un car pour transporter les nombreux invités (tous les cousins de la mariée étaient là !) du 194 de la rue de Charenton à la mairie toute proche, puis de la mairie à l'église et enfin de l'église au restaurant qui n'était pourtant pas bien loin non plus (trois petits quarts d'heure à pied tout de même, mais seulement une dizaine de minutes au maximum en voiture ou en car). Le restaurant était situé sur l'Avenue Daumesnil, tout près de la Porte Dorée.

Tout avait bien commencé : une salle très claire au premier étage, une table d'une longueur interminable, recouverte d'une belle nappe blanche, je crois bien que je n'avais jamais rien vu de comparable. Les hors d'œuvres furent avalés dans la bonne humeur, voire dans l'euphorie, d'autant que mon père, ne lésinant sur rien (en tout cas ce jour-là) avait choisi la formule « vin à volonté ». Lorsque le plat principal est arrivé, l'assistance semblait mûre pour entamer joyeusement la partie « artistique » de la cérémonie (mon père chantant Fadoli, sa chanson des jours de fête, une scie un peu graveleuse… et ma tante Jeanne, mimant une jeune fille dont la robe s'envole au vent, etc…).

Mais c'est justement là que tout a dégénéré. Il y avait eu quelques signes avertisseurs ou plutôt un signe (remarqué par ma mère à qui ce genre de choses ne pouvait échapper) : toutes les bouteilles de vins apportées par les serveurs disparaissaient immédiatement, d'abord planquées sous les tables puis rapidement absorbées par mes nombreux cousins dont l'âge moyen devait tourner autour de seize ou dix-huit ans. Il faut se souvenir du contexte : on est à la fin des années 1940 ; on sort tout juste de la guerre et de l'Occupation ; l'alcool, plus précisément le vin, est à la mode et fait des ravages dans les milieux ouvriers ; il n'y a guère que le prix (pourtant relativement peu élevé) de ce breuvage qui en limite la consommation, surtout chez les plus jeunes… Mais justement ce jour-là pour tous ces garçons qui viennent d'en baver pendant des années et qui n'ont jamais trois sous en poche, le vin est gratuit et quasiment à volonté. En plus on leur met sous le nez un excellent breuvage alors qu'ils sont habitués à la piquette d'après-guerre !

Et ce qui devait arriver arrive : les jeunes cousins ne se contentent pas de planquer les bouteilles. Ils les vident à toute allure et, à des degrés divers, ils sont presque tous ivres avant même d'avoir fini le plat principal. Quand les adultes, (du moins ceux qui sont encore à peu près lucides car beaucoup aussi sont déjà sérieusement éméchés !) bref quand les adultes les plus responsables prennent conscience de la situation, il est déjà trop tard : les cris, les insultes volent d'un bout à l'autre de la très longue table. Quelques coups sont même échangés dans une confusion totale.

Il n'est plus question que quiconque pousse la chansonnette. Ce jour-là nous n'entendrons donc pas mon père chanter « Fadoli » et nous ne verrons pas notre tante Jeanne se trémousser, debout sur sa chaise. En fait ça se termine par une complète débandade. Plus personne ne s'occupe des mariés. Il ne s'agit plus que de sauver les meubles.

Ma sœur Monique et moi nous n'assisterons d'ailleurs pas au dénouement du drame. Tandis que mon père essaie avec l'aide d'une poignée de braves de reprendre le contrôle de la situation, ma mère nous ramène illico presto rue de Charenton (trois quarts d'heure à pied) où nous attendrons longtemps mon père. Il reste courageusement sur place et fera son devoir jusqu'au bout (Nul ne s'en étonnera !). Ça lui rappelle peut-être les jours héroïques de la Libération de Paris et la prise de la Préfecture de police. Après tout il est le père de la mariée (dont plus personne d'ailleurs ne sait exactement ce soir-là ce qu'elle est devenue et où elle se trouve) et de surcroît il est la principale puissance invitante (la famille du marié est beaucoup moins nombreuse et surtout, semble-t-il, un peu moins portée sur la bouteille). En fait Louis ne reviendra que tard dans la nuit ou même au petit jour. Curieusement il est lui-même dans un état d'ébriété assez avancée et se couche immédiatement, tout habillé, « ce qu'il n'avait jamais fait et Dieu merci ne refera jamais de toute sa vie ! » (précisera ma mère quelques années plus tard).

153

Nous n'aurons jamais un compte-rendu détaillé de la façon dont le banquet et le pugilat se sont terminés. Il semble que la salle ait été évacuée sans trop de difficultés ni de dégâts et qu'ensuite mon père ait bu « quelques verres » dans un bistrot proche du restaurant, pour « calmer » (c'est le mot qu'il emploie lui-même ultérieurement) un groupe d'invités particulièrement allumés.

Au moins les convives rentrèrent-ils tous chez eux sans risquer un accident de la circulation : à cette époque personne, bien sûr, n'avait de voiture et, une fois tout le monde un peu dégrisé, chacun ne pouvait rentrer chez soi que par le métro, le bus ou à pied. Aucun des invités d'ailleurs n'habitait à plus d'une heure de marche : Françoise, la sœur aînée de mon père habite alors Porte d'Ivry avec sa famille, tout près de ma grand-mère paternelle. Mon oncle Charles demeure, lui, dans le 13ème arrondissement, près de chez Françoise ; quant à ma tante Jeanne et à sa famille ils sont regroupés dans le secteur du Pré Saint-Gervais et de la station de métro du même nom.

Solange s'installe

Au lendemain de cette fête mémorable, Solange s'installe avec son mari sous les combles d'un immeuble « bourgeois » assez semblable à celui de la rue de Charenton (avec façade en pierre de taille et balcon filant sur toute la largeur de la façade au niveau du cinquième étage). Contrairement à son frère Pierrot, -plutôt mal logé après son mariage-, Solange, qui, elle, a déjà vingt-quatre ans et gagne sa vie depuis longtemps, a bien préparé son affaire, probablement avec l'aide de mon père. Robert, son mari, un peu plus jeune qu'elle, est lui, par contre, sans emploi fixe.

L'appartement très modeste où les nouveaux époux vont rester une dizaine d'années est donc un sixième étage sans ascenseur. C'est en fait une ancienne « chambre de bonne ». Il comprend une cuisine minuscule (où ne peut se glisser qu'une seule personne à la fois) et une pièce séparée en deux par une amorce de cloison qui isole visuellement le coin servant au couchage. Le tout doit faire environ vingt-cinq mètres carrés au maximum, sans doute moins si l'on tient compte de la pente du côté rue (puisqu'on est sous les combles !). Les toilettes sont bien entendu sur le palier. Mais l'immeuble est très convenable, c'est propre et très clair, la vue est très dégagée. Et, de leur point de vue, mes parents ont été généreux : ils ont donné aux jeunes mariés leur « chambre à coucher », c'est-à-dire le lit et l'armoire de leur chambre. Eux-mêmes se sont fait fabriquer une autre « chambre à coucher » par un oncle du marié qui est menuisier-ébéniste. Je soupçonne que ces meubles récupérés par ma demi-sœur étaient ceux acquis par mon père et sa première femme... Et que la petite Solange avait donc sans doute reçu à cette occasion les meubles de sa mère... Une attention qui, sans doute, convenait surtout à Geneviève, ma mère... qui avait peu apprécié, j'imagine, de coucher depuis son mariage dans le même lit que la première épouse !...

Au début de leur mariage, nous recevons souvent la visite de Solange et Robert. Je vois encore les deux joyeux tourtereaux arrivant en vélo (oui, en vélo !) avec tout leur barda de camping pour passer quelques jours de vacances avec nous dans la petite ville de Bretagne où, comme chaque année, nous avions « pris une location ». Dans mon souvenir d'enfant, ils arrivaient de Paris et venaient de faire plus de 400 kilomètres à bicyclette. Il est plus probable qu'ils passaient leurs vacances cette année-là chez la grand-mère maternelle de Solange, la petite « Nénaine », que Solange adorait : dans ce cas leur trajet n'avait pas dû excéder une centaine de kilomètres et s'était peut-être fait en plusieurs étapes...

Et comment oublier leur arrivée à Nogent, sans doute l'année suivante, dans une petite voiture d'avant-guerre, une Rosengart bringuebalante qui, remise en état, serait aujourd'hui une précieuse voiture de collection mais que Robert, assez confiant dans ses talents de bricoleur, venait d'acheter trois sous. Ils avaient tout de même mis, je crois, deux ou trois jours pour parcourir les cent cinquante kilomètres entre Paris et Nogent-le-Rotrou ! Nous fîmes le lendemain dans la campagne une promenade beaucoup plus modeste mais pleine d'imprévus : non seulement il fallait descendre de voiture pour grimper la moindre côte mais le véhicule calait sans cesse et il fallait le pousser pour le faire repartir...

Solange se fâche

Robert, qui n'a pas d'emploi stable lorsqu'il se marie, souhaite être embauché à la RATP, en profitant bien sûr de l'aide que peut lui apporter mon père. Comme il n'a pas les qualifications nécessaires (c'est-à-dire un CAP, un Certificat d'Aptitude Professionnelle) pour l'emploi « d'ouvrier qualifié » qu'il ambitionne, mon père le fait embaucher comme « receveur » d'autobus : travail qui consiste alors à faire payer les clients d'un bus ou à « valider » leurs tickets. D'ailleurs un dimanche après-midi, nous assisterons à un spectacle exceptionnel : postés tous les quatre (mes parents, Monique et moi) quelque part sur la ligne de bus où travaille Robert, nous guettons son passage et, après une assez longue attente, nous l'apercevons enfin. Nous pouvons même échanger avec lui de grands signes, lui posté à l'air libre sur la plate-forme arrière tressautante du bus et brandissant sa casquette grise de receveur, rigolant tout en faisant signe qu'il en a « ras-le-bol » … Et nous, sur le bord du trottoir, agitant vigoureusement les bras…

Grâce à son beau-père, Robert fait désormais partie de la grande armée des « agents d'exploitation » de la RATP : conducteurs de bus ou de métros, contrôleurs, poinçonneurs, receveurs, « chefs » de station de métro (!) etc... Autant dire qu'il dispose d'un emploi à vie couronné par un système de retraites (à cinquante ou cinquante-cinq ans !) qui peut faire rêver, surtout à l'époque... Tout va bien ? Eh bien non ! Car quelques semaines plus tard…

…un dimanche comme les autres vers 12 heures 30, Solange arrive seule au 194 avec son visage des mauvais jours. Mes parents l'ont invitée à déjeuner avec nous en famille : Robert est, ce jour-là, de service sur son autobus à plate-forme puisque, comme n'importe quel « receveur » de bus, il travaille un dimanche sur deux (ou deux dimanches sur trois : allez savoir un demi-siècle après !). Quoi qu'il en soit, à peine la porte refermée et les rituelles effusions réciproques échangées, Solange éclate en sanglots déchirants. On la presse, bien sûr, de s'expliquer… sans trop s'inquiéter tout de même car la petite Solange a déjà une solide réputation de « comédienne ».

Quand les hoquets se sont calmés, Solange déroule son monologue : « C'est infernal ! Je n'en peux plus ! Depuis qu'il est entré à la RATP, je ne vois plus Robert. Je rentre crevée des magasins du Printemps tous les jours de la semaine, y compris le samedi [c'était vrai !] et le dimanche Robert n'est presque jamais là [elle poussait un peu...]. Si aucune « solution » n'est trouvée rapidement, si on ne peut vraiment rien faire (elle n'ose pas regarder son père en disant ça), eh bien, c'est sûr ça va se terminer mal et même très mal... »

La « solution » à laquelle Solange vient de faire allusion, ça serait que Robert obtienne à la RATP un emploi d'ouvrier, un emploi mieux rémunéré mais surtout où on ne travaille pas le dimanche... Et pour elle, c'est évident : si son père le voulait vraiment, il aurait arrangé ça depuis longtemps. Elle ne parle pas seulement en son nom : je suppose que Robert, qui n'était certainement pas un stakhanoviste du travail du dimanche (ni même un stakhanoviste tout court !), avait dûment « chauffé » sa petite épouse -laquelle se trouvait être aussi la fille d'un homme ayant le bras long à la RATP...

La réponse de mon père fut bien entendu conforme au personnage très brutal qu'il pouvait être... Sans avoir du tout à se forcer, lui, pour interpréter son rôle de père furieux d'être ainsi sollicité, pour ne pas dire agressé, à l'heure sacrée du repas dominical...

En quelques mots, délivrés sur un ton exaspéré, Solange se vit donc rappeler : 1/ que ça n'était pas sa faute à lui, Louis Colin, si elle avait épousé un type qui n'avait pas de CAP et surtout ne pouvait pas écrire une dictée de dix lignes sans faire 50 fautes ; 2/ que sans son intervention à lui, son cher Robert, brouillé comme il l'était avec l'orthographe, et accessoirement le calcul, n'aurait jamais mis les pieds à la RATP ; et 3/ que si Robert voulait démissionner, eh bien ça ne posait aucun problème : tout le monde faisait la queue pour s'y faire embaucher, à la RATP...

Bien entendu les sanglots de la petite Solange redoublent. Et là ça se gâte encore un peu plus car Solange, hors d'elle-même, se met à improviser. Et elle ne peut s'empêcher, avant d'effectuer sa sortie de scène, de lancer quelques phrases amères et vengeresses sur la vie de chien qu'on lui a fait mener pendant des années au 194, sur la mesquinerie des uns et des autres... Sur le fond elle n'a peut-être pas entièrement tort mais ça n'est pas ça qui va arranger ses affaires. Tant pis, c'est fait et au moins ça l'a soulagée. Exit Solange...

Nous, on se met tout de même à table mais dans un silence glacial. Tout va bien, donc, mais ma sœur et moi on a intérêt à se tenir à carreau, car mon père, qui de toute façon n'est pas un joyeux drille, est maintenant d'humeur exécrable. Dans ces circonstances, une claque retentissante n'est jamais très loin. Au moins le menu du « Jour du Seigneur » est-il excellent : en principe, je le rappelle, gigot/flageolets en plat principal et gâteau du boulanger/pâtissier en dessert.

Finalement, malgré les cris, les reproches et les claquements de porte, mon père fera (bien entendu !) le nécessaire pour donner satisfaction à Solange et à son mari. C'est un peu laborieux mais Robert est finalement admis à passer un concours interne à la RATP, alors qu'il n'a pas les qualifications requises. Un soir mon père raconte à ma mère sans se gêner devant nous, les enfants, combien ç'a été difficile « d'arranger » la feuille d'examen de son beau-fils... Il ne faut pas imaginer un système de corruption sophistiqué : la contrepartie, la « monnaie d'échange » utilisée par mon père, c'est très probablement un service du même genre, rendu au moment où sont attribuées, dans cette grosse entreprise ubuesque, les notations, les primes et les avancements... Nul besoin de gaspiller de l'argent en donnant des enveloppes ou en invitant dans des restaurants étoilés...

Solange avait réussi à atteindre son idéal de jeune fille : épouser un beau garçon mais elle n'aura qu'un fils unique, Patrick. Ce sera probablement l'un des grands regrets de sa vie : elle qui se confie si peu lors des visites qu'elle nous rend rue de Charenton, évoque un jour son regret de n'avoir pas « au moins une fille » mais, explique-t-elle, pour Robert il n'en est pas question. Il l'obligerait éventuellement à « faire quelque chose » [le mot avorter est tabou d'autant qu'il y a deux enfants autour de la table : ma sœur et moi] donc à faire « quelque chose », si le problème se présentait. Robert lui-même nous explique à une autre occasion : « Plusieurs enfants ça n'est pas pour des gens comme nous. C'est bon pour des gens qui ont des grosses situations… Des médecins (sic) par exemple ! ».

Au fil des années les liens se distendront entre le couple Robert/Solange et nous, les Colin du 194. Les visites et invitations réciproques se feront de plus rares. Solange n'éprouve pas, ou n'éprouve plus, semble-t-il, un grand intérêt à revenir chez son père.

Pourtant, dès le milieu des années 50, (je dois avoir une douzaine d'années) elle emménage avec sa famille, rue de Reuilly, près de la place Daumesnil, devenant ainsi notre voisine. Elle a obtenu cet appartement en location grâce à son employeur, les magasins du Printemps Ce rapprochement « géographique », dû au hasard, n'entraîne aucun changement : à partir du milieu des années 1950, nous ne voyons plus Robert/Solange et leur fils Patrick que deux ou trois fois par an. Au moment des fêtes de fin d'année, par exemple, quand ils viennent « chercher leurs cadeaux »… comme ma mère le dit quelquefois sur le ton de la réprobation, alors qu'après tout, c'est aussi une façon d'accepter ou d'affirmer une appartenance à la famille qui, autrement, serait désormais presque virtuelle…

Un peu plus tard, vers la fin des années 1950, on frôlera même la rupture entre les Le Dieu de Ville de la rue de Reuilly et les Colin de la rue de Charenton : Robert et surtout Solange s'inquiètent pour l'avenir de leur fils Patrick dont la scolarité a été très médiocre. Solange demande à son père d'intervenir pour que Patrick intègre l'école d'apprenti de la RATP. Une école qui permet d'accéder, sans faire des études longues, à des fonctions de technicien et même de cadre, mais dont le concours d'entrée est relativement difficile. Le jeune Patrick passe donc les épreuves, après que mon père ait pris contact avec les responsables du jury du concours. Mais les temps ont changé et, malgré tous ses efforts, mon père qui, pourtant, s'y connait pour « arranger » les résultats des concours RATP, échoue cette fois. Un soir il rentre accablé : « Les résultats de Patrick sont vraiment très médiocres… Très loin du minimum pour réussir ce sacré concours qui est de plus en plus difficile… et puis maintenant avec les syndicats qui mettent leur nez là-dedans, on ne peut plus faire ce qu'on veut… C'est foutu ! ».

Le soir même mon père part annoncer la mauvaise nouvelle à la famille Le Dieu de Ville. Et comme prévu ça se passe très mal. Selon mon père, à l'annonce du fiasco, Solange a dramatisé. Elle a « fait du Solange » pur jus : « Ma vie est fichue. Je n'aurais jamais dû avoir un enfant etc… » et mon père, excédé, lui a reproché de venir le voir si rarement. « Vous vivez repliés sur vous-mêmes depuis des années. C'est comme si on n'existait pas ». Bref ça s'est très mal passé et ça ne réchauffe pas les relations entre les Le Dieu de Ville et les Colin…Mais finalement l'incident n'aura guère de conséquences, positives ou négatives : nous apprendrons un peu plus tard que Patrick a fait un apprentissage d'électricien dans une boîte privée et qu'il travaille sur des chantiers. La vie continue…

Beaucoup plus tard (quinze ans, vingt ans ou même plus ?) alors que mon père est déjà en retraite, Patrick, depuis longtemps marié et père de famille, souhaitera se reconvertir. La boîte de travaux publics où il a longtemps travaillé comme électricien est en difficulté. De toute façon il souffre de vertige et ne supporte plus de devoir travailler en hauteur sur les chantiers. Et il manifeste le désir de travailler à la RATP. Mon père est alors déjà en retraite mais grâce aux relations de travail qu'il a conservées, il aidera tout de même Patrick à obtenir un emploi de chauffeur d'autobus. Entre la RATP et la famille de Louis Colin, le lien franchit les générations…

14

Pierrot (et Yvette…)

Quelques repères chronologiques

Début 1946 : mon demi-frère Pierrot vient d'avoir dix-huit ans et quitte le 194 rue de Charenton pour s'engager dans la Marine.

Fin 1946/début 1947 : à l'occasion d'une permission, Pierrot fait un séjour de quelques semaines au 194.

Fin 1947/début 1948 : Pierrot est libéré par anticipation de son engagement dans la Marine. Il rentre au 194.

Juin 1948 : Pierrot se marie et quitte définitivement le 194 rue de Charenton.

Agé seulement d'environ trois ans et demi lorsque Pierrot s'engage dans la Marine nationale, je n'ai bien sûr qu'un souvenir très fugitif de mon « grand » demi-frère dans la période qui précède son départ fin1945/début 1946…

Par contre, la permission de quelques semaines qu'il passe au 194 un an et demi plus tard et surtout, son séjour de quelques mois entre sa démobilisation définitive fin 47/début 1948 et son mariage en juin 1948 ont « imprimé » assez bien dans ma mémoire...

Une enfance malheureuse

Comme sa sœur Solange, Pierrot est lui aussi de petite taille, même selon les critères de l'époque. Et dans son adolescence il est plutôt malingre : il n'a pas besoin, comme sa sœur, d'absorber des citrons pour limiter son poids... Il a très mal supporté les restrictions alimentaires pendant l'Occupation qui vient juste de se terminer. Pour lui comme pour beaucoup d'adolescents de cette époque la nourriture a été une obsession quasi permanente. Une anecdote est restée célèbre dans la famille : il a un jour enfourché son vélo pour aller chercher de la nourriture dans la campagne proche de Paris. Il paraît que ça se faisait beaucoup à l'époque, que ces expéditions étaient, en tout cas, tolérées par les autorités. Mais alors qu'il approchait de la rue de Charenton, rentrant de très loin avec son précieux butin, -un sac de pommes de terre, rien de moins !-, le pauvre Pierrot est tombé de sa bécane. Le contenu du sac s'est répandu sur la chaussée et des passants se sont précipités pour s'en emparer. Après une journée de galère, Pierrot est donc rentré bredouille ou à peu près...

Maintenant que l'Occupation est terminée, il mange à peu près à sa faim malgré la persistance des restrictions alimentaires mais ce n'est certes pas un adolescent épanoui et heureux. Pas plus que sa sœur, il n'avait vraiment accepté la belle-mère, Geneviève, que son père avait ramenée au foyer quelques années plus tôt. Mais il réagit à sa manière qui est bien différente de celle de Solange. Laquelle explose, crie, injurie à l'occasion ; lui maugrée, marmonne, bougonne. Il est de toute façon, probablement encore plus que moi, timide et peu sociable. Au moins bénéficie-t-il à cette époque du soutien de sa grande sœur qui a quatre ans de plus que lui et, paraît-il, le défend bec et ongles aussi bien à l'intérieur de la famille que dans les petits groupes de copains où ils se retrouvent parfois. Rien ne laisse prévoir que beaucoup plus tard, ils se brouilleront à mort sans aucune raison sérieuse...

Au moment de mon premier souvenir (le cri, le « Tue moi Papa » de ma demi-sœur Solange fin 1945 !), Pierrot, qui a dix-sept ans, termine ou vient de terminer un apprentissage d'ajusteur au « métro », c'est-à-dire à la RATP, l'entreprise où mon père travaille depuis des années. Depuis le décès de sa mère (il avait alors huit ans), il n'a cessé de poser des problèmes à son père. En particulier, sa scolarité a été catastrophique. Non seulement ses résultats ont été déplorables mais, selon ses maîtres, il a « fait le pitre » en permanence et multiplié les sottises (comme de piquer le derrière de ses condisciples avec un compas !). Je connais ces exploits de première main puisqu'un jour je suis par hasard tombé sur quelques-uns de ses bulletins scolaires !... Il a sans doute fallu que mon père mette tout son poids dans la balance pour que Pierrot puisse, malgré un dossier calamiteux, être admis à l'école d'apprentissage de la RATP où il a finalement obtenu un CAP d'ajusteur…

Devenu un « grand » adolescent puis un jeune adulte, l'ancien gamin chahuteur et rebelle qu'était Pierrot se réfugie souvent dans un mutisme têtu. Il ne répond aux questions ou aux sollicitations que par un sourire gêné. On l'accuserait facilement de sournoiserie ou on le prendrait pour un imbécile. Pourtant il est selon moi très loin d'être sot. En fait complexé et très timide, et certainement très marqué par le décès de sa mère, c'est lui la principale victime de ce drame.

A l'arrivée de ma mère rue de Charenton, en 1939, Pierrot avait déjà presque douze ans. Avec ses principes petits bourgeois et son ignorance de la psychologie d'un adolescent, elle a été tout de suite dépassée par le problème, pour ne pas dire l'énigme, que représentait pour elle cet adolescent renfermé et peu aimable.

L'attitude de mon père n'arrange rien. Les incidents pénibles se succèdent : par exemple Pierrot souffre alors d'énurésie et ma mère, découvrant le matin ses draps trempés d'urine, en informe mon père qui contre toute évidence déclare avec aplomb et maintient qu'il ne s'agit pas d'urine mais de sueur, que son fils adolescent « transpire beaucoup » ! Et qu'on ne l'embête pas avec ça ! Quand ça l'arrange, ou qu'il croit arranger les choses, Louis est capable, quelles que soient les circonstances, de nier n'importe quelle évidence avec une totale mauvaise foi. Ma mère qui doit « gérer le problème », est furieuse (Des années plus tard, elle m'en parle encore avec indignation...). Sa colère contre mon père se tourne aussi contre l'adolescent.

Geneviève a beau jeu aussi de critiquer le style d'éducation de Louis à qui il arrive par exemple de piquer une terrible colère, de passer un savon mémorable à son fils puis, quelques minutes plus tard, au moment où Pierrot repart à l'école ou au centre d'apprentissage, de lui glisser une petite somme d'argent, comme pour s'excuser. En fait, en famille, Louis agit souvent avec impulsivité et maladresse, prenant rarement un peu de recul ou un moment de réflexion. Pourtant, à sa manière, il aime vraiment ses enfants, sans faire de distinction entre ceux de son premier et ceux de son second mariage. Il est toujours fier d'eux lorsqu'ils lui en donnent l'occasion : par exemple, il se réjouit des bons résultats sportifs de Pierrot qu'il a incité à faire de la gymnastique à l'association sportive de la RATP, la société du Métro parisien ; il montre à l'occasion avec fierté une photo où l'on distingue mon timide (et minuscule pour son âge !) demi-frère juché au sommet d'une pyramide de gymnastes, haute d'au moins cinq étages…

Mes souvenirs personnels de Pierrot à cette époque sont rares et ténus : il s'amuse, seul et silencieux, à projeter sur la porte des WC (!) des images qui défilent à toute allure et créent l'illusion du mouvement, des sortes de petits films. Le cinéma, si l'on peut en l'occurrence parler de cinéma (!), est décidément la grande affaire pour les jeunes de l'époque ; je suppose que ce genre de distraction correspondait peu ou prou aux jeux électroniques d'aujourd'hui. Ma sœur Monique et moi, nous pouvons regarder le spectacle mais seulement regarder… Pierrot ne nous associe pas à ses petites distractions. Aucun souvenir d'un jeu que nous aurions fait avec le grand « demi-frère » qui, probablement, ne s'intéresse guère à nous. Rien de surprenant ou de choquant d'ailleurs : Pierrot est un adolescent mal dans sa peau et la vie ne lui a guère fait de cadeau… La seule image que je conserve de lui à cette époque, c'est celle d'un jeune homme au sourire contenu, gêné.

Pierrot s'engage… mais revient vite

A dix-sept ans Pierrot, toujours aussi mal dans sa peau, a envie de « voir du pays » et probablement aussi de s'éloigner du milieu familial. Alors qu'il approche de son dix-huitième anniversaire, vers la fin de 1945, il décide de devancer l'appel du service militaire et de s'engager dans la Marine nationale. Son père n'est pas mécontent : la Marine, cette école de discipline qu'il connait bien, ça n'est sûrement pas une mauvaise solution pour un fils qui lui a posé, qui sans doute lui pose encore, bien des problèmes. Sans hésiter, il utilise ses relations d'ancien « officier-marinier » pour permettre à son fils aîné de réaliser son souhait. C'est ainsi qu'à tout juste dix-huit ans, mon demi-frère quitte le foyer familial.

Un an et demi plus tard, il bénéficie d'une permission de quelques semaines et débarque au 194. J'ai alors environ quatre ans et demi et je suis très impressionné par l'énorme sac de marin en toile, une sorte de polochon, qu'il traîne avec lui. Il arrive directement de Tunisie où, nous raconte-t-il, les enfants arabes accueillent les soldats et les marins français en leur lançant des pierres : une attitude qui nous semble scandaleuse… mais nous entendrons bientôt d'autres récits plus perturbants : par exemple au tout début des années 1950, l'un de mes cousins qui s'était engagé, lui aussi, dans la Marine rentre d'Indochine et nous raconte volontiers quelques-unes des horreurs qu'il a vécues. Je me souviens qu'il évoque un jour les fosses rapidement creusées dans lesquelles, après avoir repoussé un assaut, on enterre à la va-vite les cadavres des soldats ennemis « ramassés », précise-t-il, « par des pelleteuses… ».

Les « français moyens » qui comme mon père lisent les journaux et écoutent les bulletins d'information de la radio nationale sont par ailleurs informés au jour le jour des combats que mène la France, ici et là dans le monde, pour réprimer des soulèvements « indigènes ». Mais ils sont encore très loin d'avoir compris qu'il s'agit de combats d'arrière-garde, que le vieux système impérial va bientôt s'écrouler comme un bâtiment vermoulu : au tout début des années 1950, en pleine guerre d'Indochine et au lendemain des soulèvements à Madagascar et au

Maghreb, dans les petites classes de l'école primaire on nous montrera encore, avec beaucoup d'insistance, des cartes du monde où s'étale fièrement en bleu l'immense empire français. Seul le rouge de l'empire britannique, encore plus étendu, semble un peu nous narguer… Quelques années plus tard, la guerre d'Algérie ouvrira de façon terrible un nouveau chapitre de cette histoire…

Une anecdote moins tragique à l'occasion de cette permission de mon demi-frère : Pierrot nous a ramené de Tunisie une petite boîte de dattes. Il s'amuse de notre perplexité, à ma sœur Monique et à moi (nous avons à peu près cinq ou six ans), devant ces petits trucs jaunâtres, qu'on trouve finalement délicieux…

*
***

Un an et demi environ après s'être imprudemment engagé dans la Marine, Pierrot commence à harceler mon père. Je me souviens du jour où ce dernier lut tout haut, probablement à l'intention de ma mère, une lettre pathétique dans laquelle mon demi-frère promettait solennellement d'être désormais « sérieux et travailleur » s'il était libéré de son engagement dans la Marine et rendu à la vie civile. Louis est un peu agacé de ces supplications… mais il cède vite et utilise ses nombreuses relations pour tirer d'affaire son fils aîné. La tâche n'est pas trop difficile : c'est à peu près à cette époque qu'il assume brièvement la fonction de président de l'Acomar, son amicale d'anciens marins. C'est ainsi que fin 1947/début 1948, deux ans à peine après s'être engagé pour cinq ans, mon demi-frère qui a vingt et un ans est « libéré » de la Marine par anticipation.

Lorsque Pierrot, enfin démobilisé, arrive au 194 rue de Charenton, sa sœur Solange vient de le quitter pour s'installer avec son mari. Nous sommes donc à nouveau cinq personnes dont trois adultes dans le petit appartement. Mais Pierrot ne restera pas longtemps avec nous. A l'occasion d'un séjour en Bretagne chez sa grand-mère maternelle (la petite Nénaine dont je reparlerai…), il a rencontré (ou retrouvé !) une « amoureuse », Yvette. Laquelle débarque un peu plus tard à Paris pour le rejoindre. Sans doute le mariage, auquel mon père n'oppose en tout cas aucune objection (lui aussi, s'est marié à vingt ans, alors qu'il ne disposait pas d'un sou…) est-il déjà plus ou moins prévu et même arrangé lorsqu'elle arrive à Paris au printemps 1948.

Pendant les six mois qui précèdent son mariage (qui aura lieu en juin 1948), Pierrot habite donc avec nous dans une atmosphère souvent très lourde. Le sujet de dispute récurrent entre mon père et mon demi-frère, c'est son avenir professionnel. Pierrot n'a aucune envie de retourner travailler à la RATP -la société du métro parisien- où mon père l'avait fait embaucher comme apprenti avant qu'il parte à la Marine. Mon demi-frère exprime des regrets d'avoir complètement raté sa scolarité ; il souligne qu'il a vingt ans et pourrait encore étudier. Mon père réplique : Pourquoi pas ?... Sans lui tendre d'ailleurs la moindre perche. Probablement Louis estime-t-il alors que la RATP est la meilleure solution pour son fils. Lequel, de son côté, n'a aucun projet réaliste à proposer… En fait le destin de Pierrot est déjà irrémédiablement tracé : après quelques atermoiements, il se résignera. Il deviendra un employé très consciencieux du « Métro » où il passera toute sa vie professionnelle.

Il n'y a pas, hélas, que ces discussions qui plombent alors l'atmosphère familiale.

Un après-midi ma mère se blesse assez sérieusement avec un couteau de cuisine. Elle saigne beaucoup, panique un peu et je suis très effrayé. Pierrot, en train de bouquiner dans la « salle à manger/séjour, est le seul autre adulte présent dans l'appartement. Malgré les cris il ne bouge pas. Je ne sais plus très bien comment ma mère s'en est sortie ; peut-être a-t-elle couru chez le pharmacien. Ce jour-là la passivité de mon demi-frère m'a beaucoup choqué. Quant à ma mère, elle ne s'est ni étonnée ni plainte de cette attitude : de son beau-fils, elle n'attendait apparemment plus rien depuis longtemps…

Le deuxième incident, moins dramatique, m'a surtout marqué parce qu'il me concernait personnellement. Il s'est déroulé le jour de mon sixième anniversaire, soit le 22 mai 1948, quelques semaines seulement avant le mariage de Pierrot et son départ définitif du 194 (en juin 1948). Ce soir-là, conformément à la tradition, le repas doit se terminer par un gâteau décoré de bougies. J'attends ce moment avec impatience mais à peine sommes-nous autour de la table qu'une terrible dispute éclate entre Pierrot et mon père, peut-être en rapport avec le mariage imminent de mon demi-frère, mais plus probablement avec son travail à la RATP. Pierrot se lève brusquement et, selon son habitude quitte la cuisine en maugréant mais mon père est hors de lui et les cris continuent… Le gâteau sera tout de même mangé un peu plus tard. Mais à la sauvette car, c'est le moins qu'on puisse dire, l'atmosphère n'est pas à la fête...

Pierrot se marie

De la cérémonie de mariage, je n'ai gardé aucun souvenir personnel. Mais j'ai retrouvé une petite photo en noir et blanc, prise devant une église...

A l'évidence, il n'a pas été question de refaire pour mon demi-frère un grand raout comme pour le mariage de sa sœur Solange, quelques mois plus tôt. Tout indique que la fête a été réduite au minimum : sur la photo, sans doute la seule prise ce jour-là, ne figurent que mes parents, ma grand-mère paternelle, ma demi-sœur Solange accompagnée de Robert, son mari depuis peu, ma sœur Monique et moi-même. Faute de moyens sans doute, les parents d'Yvette ne se sont pas déplacés de leur lointaine Bretagne intérieure. Une toute petite voilette transparente s'agite devant le visage de la mariée qui porte un tailleur blanc tout simple et dont la jupe s'arrête juste au-dessous du genou. Les mariés, ma mère et Solange esquissent un vague sourire mais le reste des participants, y compris mon père, fixent l'objectif d'un air sombre.

Si ma mémoire n'a pas gardé la moindre trace de la cérémonie, je me souviens par contre que, dans les semaines qui suivirent, mes parents organisèrent tous les dimanches rue de Charenton un déjeuner de « présentation ». A chaque fois étaient conviés les nouveaux mariés, bien sûr, mais aussi ceux auxquels ils devaient être « présentés », c'est-à-dire quelques-uns de mes oncles et tantes avec tout ou partie de leur progéniture. Notre chambre à coucher/salle à manger n'avait sans doute jamais connu une telle succession de réceptions et d'invités. Ces repas de « présentation », ces ersatz de la grande fête de mariage traditionnelle dont on avait fait l'économie, représentaient une assez lourde charge pour ma mère. « Finalement, constatera-t-elle un jour avec son réalisme habituel, finalement cette multiplication de déjeuners aura fait plus de complications et coûté plus cher qu'une grande réception ! »

Installer le nouveau ménage dans le petit appartement de la rue de Charenton semblait impossible. En tout cas, à ma connaissance il n'en fut pas question. Pour loger le nouveau couple, il fallait donc trouver en urgence une solution. Ni Pierrot qui venait seulement de recommencer à travailler ni sa nouvelle épouse qui arrivait tout droit de sa Bretagne intérieure et profonde n'avaient d'argent. Mon père lui-même, malgré son titre de chef ou sous-chef de bureau, dont il était si fier, n'avait sans doute alors que des moyens limités. Et de toute façon, il estimait certainement n'avoir pas à faire des efforts financiers extraordinaires pour aider les nouveaux époux. Jamais il ne les aurait laissés dans la rue mais il n'était pas question non plus qu'il fasse des « folies ». Après tout, lui-même, débarqué à Paris vingt-cinq ans plus tôt avec sa jeune épouse, s'en était sorti tout seul, sans aucun soutien familial... Maintenant c'était aux nouveaux mariés de se lancer dans la recherche du Graal... c'est-à-dire un toit décent...

Dans ces années d'immédiate après-guerre, pour des gens modestes, des jeunes ouvriers, comparer à la quête du Graal la recherche d'un logement décent n'est nullement une exagération.... La crise du logement dont on parle aujourd'hui, en 2018, n'est rien en comparaison de la situation de l'après-guerre. Pendant l'Occupation, on avait très peu construit et même si l'agglomération parisienne n'avait pas subi en 1944 des bombardements américains meurtriers, comparables à ceux qui avaient anéanti plusieurs villes du littoral atlantique (Brest, Le Havre, Caen etc...), la crise du logement y était aussi très aiguë... Ma sœur Solange et Robert, son mari, qui avaient réussi quelques mois plus tôt à trouver un logement très modeste mais décent avaient disposé, eux, de beaucoup de temps et probablement aussi de quelques petites économies pour arriver à leurs fins.

Pierrot s'installe

Au milieu de cette année 1948, Pierrot et sa femme entament donc, dans des conditions très difficiles, un véritable parcours du combattant. La société d'alors a horreur du scandale qu'aurait représenté une cohabitation de deux célibataires ou une naissance « hors mariage » mais elle n'aide guère à se loger décemment les jeunes couples avec ou sans enfant. Comme des milliers de jeunes ménages à l'époque, Yvette et Pierrot habiteront donc, pour commencer et pendant de longs mois, dans un logement « provisoire » que je ne verrai jamais : probablement une chambre d'hôtel très modeste.

L'année suivante, en 1949, alors que leur problème de logement n'est toujours pas résolu, Yvette accouche d'une petite fille à l'hôpital ou dans une clinique quelconque. A propos de cette naissance, je ne me souviens, je l'avoue, que de la discussion entre mes parents à propos du retour de la jeune mère à son domicile provisoire. Car Pierrot avait pris un taxi pour aller chercher et ramener son épouse et le nouveau-né : Pierrot et Yvette n'auraient-il pas pu se débrouiller autrement ? Le compteur du taxi avait dû tourner longtemps en attendant que l'accouchée arrive de sa chambre d'hôpital avec le nouveau-né !... Telles sont, au moment de cet événement qu'on qualifie généralement d'heureux, les seules préoccupations familiales qui se sont imprimées dans ma mémoire ! J'ose espérer que mes parents évoquèrent à cette occasion des aspects moins glauques de l'événement. J'en suis même à peu près sûr mais je creuse en vain, je cherche sans résultat dans mes pauvres souvenirs ! Ma mémoire, je le constate encore une fois, me joue probablement des tours pendables en noircissant la réalité… et en enlaidissant les personnes elles-mêmes (en l'occurrence mes parents…), telles ces glaces déformantes qui vous métamorphosent instantanément une reine de beauté en naine obèse et grotesque ou en géante squelettique…

La petite fille d'Yvette et Pierrot ne vivra hélas pas longtemps. Quelques mois plus tard, en 1950, j'entends évoquer plusieurs fois par mon père les problèmes de santé du nouveau-né. Il rentre souvent plus tard qu'à l'ordinaire, l'air sombre, parce qu'il s'est rendu à l'hôpital et que les nouvelles ne sont pas bonnes.

Et puis un soir, très tard, je suis réveillé par des pleurs, des sanglots de femme. Je reconnais sans peine les voix d'Yvette et de Pierrot. Je ne saisis pas grand-chose de ce qui se dit mais assez pour comprendre que l'enfant est mort. Une conversation s'engage à voix basse, entrecoupée des sanglots très forts de la malheureuse mère. Ma mère à moi, croyant que je suis endormi, apporte dans la « chambre des parents » où je suis couché un grand tas de vêtements. Stupidement (j'ai quand même déjà environ huit ans) je me persuade que le petit cadavre est enfoui dans ce tas de vêtements… Je suis très angoissé et pourtant ni le soir même (où je suis censé dormir) ni le lendemain matin je n'ose poser de question. Le sentiment que « ça ne me regarde pas », que c'est des affaires d'adulte ! Sans doute ne suis-je pas très futé pour mon âge… Quelques semaines plus tard, Yvette, en visite chez nous, évoque avec un sourire triste, devant Monique et moi, ce premier enfant qui n'a vécu que quelques mois et dont, je crois bien, c'est ce jour-là l'anniversaire de la naissance...

Yvette et Pierrot habiteront ensuite dans un petit appartement de deux vraies pièces, dont l'une sert aussi de cuisine. Il se situe au rez-de-chaussée d'un très vieil immeuble, au fond d'une cour misérable, quelque part dans le nord de Paris : ça n'est guère mieux que la « cour des miracles », ce petit groupe d'immeubles délabrés qui abrite près de chez nous, rue de Charenton, des familles maghrébines. C'est dans ce logement sombre, où pénètre à peine la lueur du jour et qui me semble bien triste, pour ne pas dire sinistre, qu'ils élèveront pendant plusieurs années leurs deux enfants, Marie-Pierre l'aînée et son frère Christian. Je me souviens qu'à l'occasion d'une de nos visites mes parents apportent à Yvette et Pierrot un petit réchaud à gaz dont ils n'ont plus besoin : on est en 1951 ou 1952 et ma mère, visiteuse assidue du Salon des Arts Ménagers, vient de se procurer une « vraie » cuisinière à gaz... Je suppose que jusque-là, mon demi-frère et sa femme ne disposaient, eux, que d'une « plaque de cuisson » très sommaire...

Le sort de Pierrot et de sa famille n'est certes alors pas idéal mais il y a dans ces années 1950 des situations bien pires que la leur : c'est en février 1954, au cœur d'un hiver particulièrement rigoureux, que l'abbé Pierre lancera son fameux appel en faveur des sans-toit (« Mes amis, au secours... »). Je ne me souviens pas de l'avoir entendu à la radio mais il entraîna le dimanche suivant une vive controverse, qui tourna un peu en rond, entre ma demi-sœur Solange, venue déjeuner au 194, et mes parents. Avec sa fougue habituelle Solange se déclarait pour une mesure radicale, une solution consistant à expulser immédiatement et systématiquement tous les occupants de logements trop grands pour eux. Mes parents, surtout ma mère, défendaient le droit des personnes âgées de conserver leur habitation, même devenue trop grande après le départ des enfants... Je suppose que le généreux et habile discours de l'abbé a été alors le point de départ d'échanges tout aussi vifs et tout aussi confus, dans des milliers de famille...

Pendant plusieurs années mon demi-frère, lui, poursuivra sans succès sa recherche d'un logement convenable. Un samedi après-midi, il débarque ainsi chez nous avec un dossier intitulé « Les Castors de X... ». Les « castors », c'est un système dont on parle alors beaucoup, parfois comme d'une solution miraculeuse à laquelle « il suffisait de penser »... L'idée est que des candidats à la propriété peu fortunés se regroupent en coopératives pour acquérir des terrains sur lesquels ils construiront eux-mêmes leurs maisons, avec les conseils de professionnels. Le projet, auquel semble beaucoup croire mon demi-frère, donne lieu à de grandes discussions avec mes parents mais restera sans suite... Sans que je sache d'ailleurs si c'est Pierrot qui a renoncé ou si c'est le projet lui-même qui n'a pas abouti...

C'est seulement au début des années 1960, que mon demi-frère et Yvette emménageront à Champigny avec leurs deux enfants, déjà adolescents : ils ont enfin obtenu un appartement dans un de ces ensembles HLM tout neufs qui commencent à pousser comme des champignons autour de l'agglomération parisienne. Ce très modeste couple découvre alors d'un seul coup un nouvel univers : celui des cuisines équipées, des salles d'eau avec baignoire, du chauffage central... Pour eux, l'après-guerre est -enfin !- vraiment terminé... Ironie de l'histoire (avec et sans grand H) : ils disposent maintenant d'un confort matériel bien supérieur à celui de mes parents restés fidèles au vieil immeuble de la rue de Charenton.

Mais l'Histoire (celle avec un grand H) n'est jamais finie : aujourd'hui cette grande barre d'immeubles HLM de Champigny, construite au tout début des années 1960, a sans doute vieilli, voire très mal vieilli. Peut-être même fait-elle maintenant partie des « territoires perdus de la République »... A moins qu'elle n'ait été détruite pour faire place à un type d'habitat jugé plus humain !... Alors qu'aujourd'hui le modeste appartement de la rue de Charenton, accessible depuis les années 1990 par un ascenseur et situé certes en face d'un HLM mais au cœur d'un douzième arrondissement en cours de « gentrification », a, lui, été probablement rénové de fond en comble avec cuisine équipée et salle d'eau. Je ne serais pas surpris qu'y habite aujourd'hui un couple de jeunes cadres sans enfant ou avec un enfant unique et travaillant dans l'informatique ou la publicité...

L'histoire, le genre de vie de la famille Colin, dans les années 1940 et 1950, sembleraient sans doute à ces hypothétiques nouveaux habitants du 194 (s'ils existent !) presque aussi étranges, aussi exotiques que la vie des parisiens au Moyen-Age...

15

René et Rosette

René voyage et apprend l'allemand…

De loin en loin nos parents invitaient ou étaient invités. A cette époque les invités -ou inviteurs- que je préférais, c'étaient mon oncle René, le frère de ma mère, et sa femme Rosette. Ce couple un peu baroque et mal assorti, c'était la vie, la fantaisie, voire un grain de folie, qui débarquaient chez nous. L'oncle René n'avait pas été, lui non plus, très longtemps à l'école : à quatorze ans, ses parents l'avaient placé comme « stagiaire » dans une ferme où il était resté trois ans. Lui-même riait un peu lorsque Geneviève, ma mère, rappelait d'un air grave : René n'a jamais été « garçon de ferme », il était stagiaire ; ça n'a rien à voir ! » Quoi qu'il en soit, pendant plusieurs années, René avait participé à toutes les activités agricoles et il avait couché dans l'écurie avec les chevaux. S'être amusé à faire galoper des chevaux, qui n'étaient pas du tout faits pour ça, avait d'ailleurs été le motif officiel de son renvoi de la ferme à l'âge de dix-sept ou dix-huit ans. Mais la vraie raison, selon la doxa familiale, c'était de s'être intéressé de trop près à la fille du fermier, une version de l'histoire tout aussi vraisemblable… René avait ensuite fait son service militaire puis s'était marié au début des années 1930.

Après quoi, jusqu'à la déclaration de guerre, il avait galéré, alternant petits emplois et chômage. La situation précaire du couple, pendant toutes ces années expliquait sans doute la sympathie que, selon les dires de mon père, ils avaient ressentie dans les années 1930, pour un mouvement d'extrême-droite, « les Croix de Feu » du colonel de La Rocque.

En 1942 ou 1943, c'est-à-dire en pleine guerre, René, démobilisé et toujours sans emploi, était parti comme « travailleur volontaire » en Autriche, alors une province de l'Allemagne nazie. J'ai entendu plusieurs fois mon père, qui pourtant appréciait René, critiquer la naïveté dont il avait fait preuve. Comment avait-il pu ajouter foi à la propagande du gouvernement de collaboration, laquelle promettait monts et merveilles aux « travailleurs volontaires » !

Je précise, au risque de heurter la morale de l'histoire, que mon oncle revint d'Autriche, certes aussi fauché qu'à son départ, (comme le faisait remarquer mon père avec insistance !), mais sain et sauf... et même très content -oui content ! - de son séjour dans une ferme autrichienne... dont il garda même une certaine nostalgie... De cette époque de camps de la mort et de meurtres en masse, il n'avait, lui, retenu que le souvenir de deux ou trois années passées dans le confort agréable d'une petite ferme, à l'entendre pleine de charme.... Il s'était, disait-il, très bien entendu avec tout le monde et il était très fier, lui qui n'avait guère fréquenté l'école, d'avoir à cette occasion appris un peu d'allemand, au point d'être capable par exemple (il le disait sans rire) de demander ou donner l'heure dans la langue de Goethe ! L'histoire (telle qu'il la racontait...) ne dit pas s'il avait profité de l'absence du fermier (qui se les gelait peut-être sur le front russe...) pour jouir du repos du guerrier (qu'il n'était d'ailleurs pas !) et consoler la sympathique fermière... Mais rien n'empêche de l'imaginer d'autant qu'à cette époque, l'oncle était un bel homme dans la force de l'âge.

Pour corser -involontairement- l'anecdote, il précisait que cette petite fermette, digne à l'entendre d'un feuilleton romantique du genre « Heidi », se trouvait dans la région de Linz, la ville de cœur, je le rappelle, du plus grand assassin de l'Histoire, le sieur Hitler soi-même !... Je suis conscient que cette histoire (une histoire sans h majuscule cette fois !) pourrait être difficile à entendre pour une des innombrables victimes du nazisme. Tant de légèreté et d'inconscience chez un homme certes peu instruit mais qui par ailleurs n'était ni méchant ni stupide ! Mais l'oncle faisait partie de ces petites gens qui dans les grandes catastrophes de l'Histoire ne se préoccupent guère que de survivre et de s'en sortir le mieux possible....

Rosette vend des corsets et fait des dettes

Rosette, sa femme, qui était aussi ma marraine, avait monté avec sa mère un petit commerce de corsetterie... sans s'apercevoir, apparemment, que depuis le début des années 1930 cet attirail -le corset !- était une survivance, une contrainte, dont les femmes étaient en train de se débarrasser pour de bon !

Rosette avait un peu la folie des grandeurs. Elle aimait sortir, organiser des dîners ; elle fréquentait des amis beaucoup plus riches qu'elle... Elle était entrée en relations d'amitié, je ne sais comment, avec la famille Selmer qui possédait une importante et prospère affaire de vente d'instruments de musique, installée près de la

Bastille. Son petit commerce à elle (des corsets !), marchant forcément mal, elle accumulait les dettes, confondant probablement la trésorerie de sa petite boutique avec les maigres ressources familiales. Je me souviens d'avoir assisté à une empoignade verbale spectaculaire entre ma tante et un fournisseur ou un représentant quelconque qui réclamait son dû.... Mais Rosette, sorte de Bovary rêvant toujours d'une vie meilleure, s'entêtait à proposer des corsets invendables et à faire des dettes que René n'arrivait pas à rembourser. Pourtant, profitant des Trente glorieuses, cette période bénie d'expansion économique (1945/1975) mon oncle avait enfin accédé dans les années 1950 à une situation professionnelle convenable... Mais les dettes de son épouse étaient un véritable puits sans fond... Il en aurait fallu plus à ce bon vivant pour perdre le moral. Du genre boute-en-train, il avait toujours des histoires à raconter et le plus souvent des histoires « drôles ». Avec lui, on riait, oui, chose extraordinaire, on riait au 194 de la rue de Charenton : un phénomène plutôt rare à cette adresse... Même mon père appréciait beaucoup René et le spectacle gratuit qu'il nous offrait à chaque fois. Il accepta même à plusieurs reprises de prêter au couple de petites sommes qui furent d'ailleurs remboursées « rubis sur l'ongle » quelques années plus tard, dès que René eut recueilli les héritages familiaux, d'abord celui de sa tante (Charlotte dont je parlerai) puis de ses parents.

Les blagues de l'oncle étaient sans doute en général un peu lourdes et les discussions ne volaient pas très haut mais dans l'univers souvent grisâtre et tristounet où nous baignions, j'appréciais beaucoup les soirées ou les après-midis, toujours trop rares, que nous passions avec ce couple. Je les appréciais encore beaucoup plus lorsque leur fille unique, ma cousine Claudine, faisait partie, trop rarement hélas, des convives. Claudine qui avait sept ans de plus que moi était une grande jeune fille à la parole libre, au rire assuré et moqueur. Rosette, sa mère, reportant sur elle ses fantasmes « bovaryens », l'avait rêvée en « petit rat », en danseuse d'Opéra et l'avait poussée au maximum dans cette direction. Ça n'avait pas marché mais Claudine, qui n'avait pas froid aux yeux, était devenue danseuse de cabaret et selon toutes les apparences s'en sortait très bien. Dans les années 1950, elle avait appartenu à la troupe de la célèbre Line Renaud, s'était produite aux meilleures adresses (Lido, Casino de Paris...) et avait commencé, dès l'âge de quatorze ans, des tournées en France et à l'étranger...

Claudine s'en va

Malgré ses airs bravaches, Claudine avait le « sens de la famille », contrepoint peut-être du milieu assez dur dans lequel elle évoluait. Pour elle, ma sœur et moi étions un peu, je crois, les sœur et frère qu'elle n'avait pas eus. Plusieurs fois, de ses déplacements elle nous ramena un petit cadeau, une bricole quelconque mais très précieuse parce qu'à l'époque dont je parle, le moindre cadeau était quelque chose d'extraordinaire. Un jour, probablement pour rendre service à ses parents ou aux miens, elle m'emmena à une répétition. A six ou sept ans (ou même moins, tout cela est si flou...), je n'avais certes pas encore l'âge de m'intéresser au beau sexe mais je me souviens, très vaguement bien sûr, d'avoir été étourdi par la vue de toutes ces filles aux tenues légères qui

183

virevoltaient autour de moi.

A vingt-et-un ans, en 1956, Claudine s'envola pour Las Vegas, à l'époque le bout du monde, dans le cadre d'un contrat d'un an seulement, mais ne revint jamais d'Amérique, sinon pour des vacances de loin en loin…

16

Des grand-mères et des tantes...

Ma grand-mère Colin

J'avais, dix ans lorsque ma grand-mère paternelle, Marie-Joséphine Balut, mourut en 1952. De loin en loin, il m'est arrivé d'évoquer son souvenir avec des cousins ou des cousines et nous l'avons toujours désignée comme la « grand-mère Colin ». Elle était l'ancêtre d'un clan formé de ses quatre enfants et d'une vingtaine de petits-enfants, ce qui avec les conjoints faisait beaucoup de monde.

A l'époque dont je parle, l'immédiat après-guerre, ma grand-mère avait quitté depuis déjà plusieurs années la loge de concierge qu'elle occupait depuis son arrivée à Paris. Elle vivait dans une petite chambre sans confort au premier étage d'une maison basse et délabrée du 13ème arrondissement de Paris : dans cette partie du 13ème qui a été rasée depuis longtemps pour construire une gigantesque et peu attrayante forêt de tours et qui est devenue le « quartier chinois ». Chinois surtout, je crois, parce que les « français de souche » n'ont guère été séduits par la perspective de loger dans ces modernes et immenses « cages à lapins », encore plus impersonnelles que les innombrables HLM construites à la même époque dans la banlieue parisienne.

Moi, je me souviens vaguement du vieux 13ème, de ces rues aux pavés disjoints, bordées de maisons à un ou deux étages, des maisons qu'on qualifierait aujourd'hui d'insalubres. Et aussi de la petite chambre sans aucun confort où ma grand-mère était déjà en train de mourir quand je suis venu chez elle pour la première fois. Elle était alitée et ne pouvait plus se déplacer. Pendant quelques semaines nos promenades du dimanche ne nous ont plus conduit au Bois de Vincennes mais chez la pauvre femme que le cancer a emportée après de terribles souffrances.

Dans ces premières années d'après-guerre, le « modèle social » à la française venait seulement d'être mis en place... Les familles avec enfants en profitaient déjà mais pas les « vieux » qui comme ma grand-mère paternelle avaient travaillé plus d'un demi-siècle dans des conditions difficiles et parfois ne disposaient, comme elle, que d'un revenu dérisoire. De ses quatre enfants, Louis, mon père, était le seul capable d'apporter la petite aide financière indispensable. Les trois autres enfants avaient des charges de famille importantes et des salaires d'ouvriers très modestes.

Quatre jours par semaine, ma grand-mère paternelle allait déjeuner chez l'un de ses enfants. Un jour fixe pour chacun des quatre : chez nous, c'était le vendredi, le « jour du poisson ». Poisson obligatoire, bien entendu car à l'époque, dans les familles catholiques et décentes comme la nôtre, consommer de la viande un vendredi, jour de la Passion du Seigneur (je le précise pour les religieusement incultes...) était impensable. Et donc l'apparition de la grand-mère à midi coïncidait avec celle du poisson sortant de la poêle ou du four... Ma mère qui distribuait les portions était quelquefois rappelée à l'ordre soit par son mari soit par ma grand-mère si l'un ou l'autre recevait une part jugée anormalement petite ou grande. La nourriture était, je le rappelle, chose sacrée pour ces générations qui en avaient beaucoup manqué... J'entends encore ma grand-mère paternelle, euphorisée par son plat de poisson, proclamer haut et fort à la fin de presque chaque repas « Encore un que les boches n'auront pas ! ». Une plaisanterie politiquement correcte à l'époque et qui semblait l'amuser énormément.

A la différence de ma grand-mère maternelle, un peu effacée et dépressive, ma « grand-mère Colin » était une femme dynamique et énergique. Et capable aussi de dire son fait à qui lui avait « manqué ». Je me souviens d'un vendredi où elle n'est pas restée pour déguster ce plat qu'elle appréciait pourtant tellement. Ce jour-là, c'était pour engueuler mon père qu'elle était venue de son 13ème arrondissement : il ne l'avait pas invitée pour la petite fête organisée pour ma « communion privée » (les petits catholiques faisaient à l'époque la communion « privée » à huit ans et la communion « solennelle » à onze ou douze ans). « Si on l'invitait, avait expliqué mon père quelques jours plus tôt, il faudrait que j'invite aussi mon frère, mes sœurs et tous les neveux. On fera ça pour la communion solennelle... » Dieu sait comment la grand-mère avait appris qu'il y aurait tout de même une petite fête à laquelle on avait convié seulement ma marraine Rosette et son époux, le jovial oncle René !

Ce vendredi-là, donc, après avoir dûment engueulé son fils (mon père...), elle prit la porte, drapée dans sa dignité offensée, sans écouter les dénégations et explications bidonnées : « Rattrape-la, me dit très vite mon père, dis-lui qu'elle est invitée, bien sûr, et que t'as beaucoup de peine ». Dans les moments difficiles, Louis qui n'était pas du genre délicat n'avait aucun scrupule à pratiquer le chantage affectif, même en impliquant ses enfants s'il le fallait. Moi, avec toute la fougue de mes sept ou huit ans, j'ai foncé, j'ai rattrapé la grand-mère au bas de l'escalier et j'ai marché plusieurs centaines de mètres à sa hauteur, (en fait pas vraiment à sa hauteur car elle était beaucoup plus grande que moi) en répétant consciencieusement que j'avais beaucoup, beaucoup de peine. Mais elle a continué de marcher très vite en arborant le petit sourire supérieur et entendu de celle à qui on ne la fait pas. Non mais qu'est-ce qu'il croyait son fils ? Qu'il allait s'en tirer en lui envoyant son moutard (moi, en l'occurrence) ? Elle ne m'a même pas gratifié d'un regard. Après quelques centaines de mètres, arrivé près de la place Rambouillet, j'ai fini par laisser tomber…

Des tractations à un plus haut niveau se sont sans doute engagées dans les jours suivants. Quoi qu'il en soit, le vendredi d'après la grand-mère s'installait à nouveau devant son plat de poisson habituel comme si de rien n'était… Par contre je ne peux affirmer qu'elle fut présente à cette petite cérémonie de communion « privée » dont par ailleurs je n'ai gardé aucun souvenir. Ce qui est sûr, c'est qu'elle n'a pas assisté à la grande, la fameuse communion « solennelle », trois ans plus tard. A cette date, elle était hélas décédée depuis au moins un ou deux ans...

La petite « Nénaine »

Au tournant des années 1950, Louis n'a pas seulement sa mère sur le dos. Il aide aussi, financièrement, son ex-belle-mère, la mère de sa première femme. Il lui doit bien ça : selon quelques rares confidences de ma demi-sœur Solange, la vieille dame, une toute petite bonne femme au sourire adorable que tout le monde appelle « Nénaine », s'est beaucoup occupée des deux orphelins, Solange et Pierrot, à la mort de leur mère, la première épouse de mon père.

« Nénaine », c'était un diminutif de Marraine. Elle était effectivement la marraine de Solange, l'usage en Bretagne étant, parait-il, à cette époque de choisir les grands-parents comme parrain et marraine. D'où ce curieux surnom... Solange la vénérait et fut effondrée à la mort de sa grand-mère et marraine. (Pierrot, lui, fidèle à son personnage, ne se dérangea même pas pour les obsèques et devant moi envoya promener sa sœur, très choquée de son insensibilité !). Comme ma grand-mère paternelle, la « grand-mère Colin » dont je viens d'évoquer le souvenir, Nénaine avait été concierge à Paris. Dans les années d'après-guerre, retirée dans son village natal en Bretagne intérieure, elle n'en bougeait guère plus. Elle vivait dans une petite maison rurale au sol en terre battue : une sorte de fermette que je n'ai vue qu'une fois et dont je me souviendrai toute ma vie car elle était flanquée (littéralement flanquée !) d'un tas de fumier dont l'odeur de purin m'a laissé une empreinte olfactive presque indélébile : ma madeleine de Proust en quelque sorte...

Autant qu'il m'en souvienne, la petite Nénaine n'est venue en visite chez nous rue de Charenton que deux ou trois fois tout au plus mais elle écrivait assez souvent à mon père, notamment pour le remercier des mandats qu'il lui envoyait. Des lettres à l'orthographe et au graphisme incroyables, basés sur un système phonétique et très personnel, parfois un peu difficile à décrypter mais finalement assez efficace puisqu'on arrivait toujours à reconstituer les mots et à comprendre le sens : « Elle a beaucoup de mérite, disait mon père, elle n'a jamais été à l'école ; elle a appris en lisant les panneaux ». Et c'est vrai qu'il y avait sans doute déjà, dans l'entre-deux guerres, lorsque Nénaine était arrivée à

Paris, beaucoup de panneaux publicitaires dans la capitale. Le rôle de la publicité, (la « réclame » comme on disait alors), dans la lutte contre l'illettrisme mériterait peut-être qu'on s'y intéresse d'un peu plus près... En tout cas, sa connaissance approximative du français écrit n'avait pas empêché la petite Nénaine d'obtenir sa loge de concierge dans le douzième arrondissement et je suis à peu près sûr que les habitants de son immeuble parisien lui pardonnaient volontiers ses erreurs éventuelles dans la distribution du courrier…

Soit dit en passant, je m'interroge sur la présence et l'efficacité des « hussards de la République », ces instituteurs paraît-il héroïques, envoyés, dit-on, par Jules Ferry et consorts dans les campagnes de France et de Navarre, dès les années 1880, pour alphabétiser les enfants. Née en 1881, dans un village de Bretagne intérieure, la petite Marie-Louise Jézéquel, dite « Nénaine », -qui était certainement loin d'être sotte-, aurait dû en toute logique fréquenter les bancs de l'école et apprendre au moins les rudiments du français écrit. Les quelques anecdotes de ma grand-mère paternelle, née en 1875 : « Quelques mots de breton dans la cour de récréation et on était expédié dans la cave » et d'autres anecdotes de mon père, lequel était né en 1903 et n'était certes pas un tendre : « Pour un rien, l'instituteur avait l'habitude de nous soulever du banc en nous tirant les oreilles et les cheveux ; tu ne peux même pas imaginer à quel point ça faisait mal... », ces quelques confidences laissent planer un doute sur les méthodes pédagogiques de l'époque...

Alors une légende, un mythe, les héroïques et efficaces « hussards de la République » ? Peut-être en partie ! …

Les tantes des HBM

Les deux sœurs de mon père, Françoise et Jeanne, toutes deux mères de famille nombreuse, sont alors bien logées, selon les critères de l'époque : juste avant la guerre ou pendant la guerre, chacune a obtenu un appartement dans les HBM (Habitations à Bon Marché), ces constructions sociales de l'entre-deux-guerres, les ancêtres des HLM. Reconnaissables encore aujourd'hui à leur parement de brique rouge, beaucoup furent construites sur ou à proximité des boulevards extérieurs de Paris, les boulevards dits « des Maréchaux ». Pour mes tantes et leurs familles, comme pour les autres occupants de la plupart de ces immeubles sociaux, il n'y avait qu'un boulevard à traverser pour être dans le Paris « intra-muros ».

Mais, situés sur les espaces des anciennes fortifications, des espaces qu'on appelait encore « la zone », ces immeubles étaient alors le domaine des « prolétaires ». Malgré un niveau de confort et une qualité convenables selon les critères de l'époque, aucun moyen ou même petit bourgeois n'aurait alors souhaité y vivre car ils étaient réputés « mal habités ». Ma mère, une vraie petite bourgeoise par la mentalité, en dépit de son léger accent faubourien, se sentait certainement beaucoup plus à l'aise dans le quartier majoritairement peuplé d'employés ou de petits artisans, en plein milieu du douzième arrondissement, bref là où nous habitions. D'ailleurs l'immeuble où nous vivions n'était-il pas après tout, et comme le soulignait à l'occasion mon père avec le plus grand sérieux, un « immeuble bourgeois », dignité à laquelle bien sûr, compte tenu de ses occupants, n'aurait pu prétendre aucun HBM ?

Et c'est vrai qu'autour de ces immeubles on voyait souvent traîner des petites bandes de « voyous ». En écrivant ces lignes un souvenir me revient : âgé d'une dizaine d'années, j'avais accompagné, à l'occasion de quelques courses, une de mes « grandes » cousines, -la jolie Solange qui devait avoir seize ou dix-sept ans à l'époque et qui maintenant finit ces jours dans une institution pour malades d'Alzheimer ! Solange, donc, était entrée dans un petit magasin d'alimentation et j'étais resté quelques minutes à l'extérieur sur le trottoir en l'attendant. Presqu'immédiatement j'avais été entouré par une petite bande de gamins, des gosses de mon âge ou pas beaucoup plus, m'apostrophant avec agressivité et ricanant, flairant à mes habits, à ma coiffure, à mon air emprunté et gauche le gosse de bourgeois qui venait d'ailleurs, qui n'avait rien à faire sur « leur » trottoir. Alors que je restais là, apeuré et stupide (que me voulaient ces types d'allure bizarre et à qui je n'avais rien fait ?) ma jeune cousine avait brusquement surgi et d'une petite phrase énergique « Non mais vous allez lui ficher la paix ! » avait fait fuir le commando de choc... Oui ces quartiers étaient en effet des quartiers « mal habités » ... mais rien à voir avec les cités d'aujourd'hui où se trouve relégué le prolétariat. On aurait bien fait rire mes tantes et toute leur famille en leur expliquant qu'elles habitaient des « territoires perdus de la République ». Je pense même qu'elles nous auraient pris à juste titre pour des débiles...

Nous n'allions pas chez elles très souvent. Chez la tante Jeanne, l'ambiance était quelquefois un peu glauque. Son mari était un homme porté sur l'alcool et brutal. Je me souviens d'avoir assisté un jour à une scène au cours de laquelle il s'en prit à son plus jeune fils avec une étonnante violence verbale et même physique. Ma tante, par contre, était une femme très naïve, très extravertie aussi, et d'une grande gentillesse. La dernière visite que nous leur rendîmes vers le milieu des années 1950 est un triste souvenir : à soixante ans à peine l'oncle, très malade depuis longtemps, était en train de mourir d'un cancer de la gorge.

Chez ma tante Françoise, l'autre sœur de mon père, c'était au contraire la gaieté qui régnait. Elle avait six enfants, trois garçons et trois filles qu'elle avait pratiquement élevés seule. Je n'avais d'ailleurs pas connu son mari : selon mes parents, un alcoolique notoire. Il était en tout cas mort peu de temps après la naissance de son dernier enfant et juste avant ma propre naissance. Ma tante Françoise était, elle, une femme très calme, placide et souriante. Beaucoup plus tard, quand je fréquentai pendant quelques mois, pour mes études, la Bibliothèque Nationale de la rue de Richelieu, j'eus l'occasion de la connaître un peu mieux : c'était l'une des employées auxquelles les lecteurs s'adressaient pour obtenir ou rendre leurs livres. Chose horrible à dire, la mort prématurée du « chef de famille » avait probablement été une chance pour cette femme et ses enfants : ils avaient échappé aux violences et aux absurdités d'un alcoolique et matériellement ils s'en étaient plutôt bien sortis. Notamment grâce aux aides de l'Etat : juste après la guerre, les allocations familiales représentaient pour une famille de six enfants un pouvoir d'achat beaucoup plus important qu'aujourd'hui ; et la location du HBM, un appartement « social » pour famille nombreuse, ne devait pas leur coûter bien cher. Tous ces enfants ont quitté l'école très tôt mais s'en sont sortis très honorablement : après avoir durement travaillé pendant des années, la plupart sont devenus des techniciens ou des « cadres moyens ». Ils sont partis habiter la banlieue parisienne dans des pavillons achetés à crédit. Comme tant d'autres jeunes prolétaires de l'après-guerre, ils avaient grimpé d'un degré sur l'échelle sociale : ils faisaient désormais partie de la nouvelle petite bourgeoisie issue des années d'expansion économique de l'après-guerre, les fameuses « Trente Glorieuses ».

17

L'école

Une « communale » du Paris d'après-guerre

Comme ma sœur, je ferai deux ou trois mois de « maternelle » parce ma mère a décidé que c'était une bonne façon de nous préparer à l'école primaire communale où nous entrons, Monique et moi, à six ans. L'école ou plutôt « les » écoles car bien entendu, on ne mélange pas les gamins et les gamines. Il y a le côté des filles et celui des garçons et un mur de deux mètres de haut (je crois que je n'exagère pas) sépare les deux cours de récréation...

Si je me réfère à ce que nous montrent les photos et le cinéma d'avant-guerre, sur le strict plan du « décor » et des accessoires rien ou presque n'a changé en 1948, quand Monique et moi nous entrons à l'école primaire. La plupart des garçons sont coiffés d'un béret (moi en tout cas : en hiver, bien que je l'aie en horreur, je n'y coupe pas !) et presque tous portent la blouse grise, quasiment obligatoire. Le matin le maître ou la maîtresse écrit sur le tableau une phrase de « morale », enjoignant aux élèves de se conduire bien, et que nous devons recopier soigneusement.... Nos instruments de travail sont la plume Sergent-Major et ses accessoires : l'encrier de porcelaine et l'encre violette…

Dans l'école des années 1940 ou du tout début des années 50, on pourrait donc avoir l'impression que la guerre a arrêté le temps. Mais les vêtements et les mentalités vont tout de même un peu évoluer. Lorsque j'atteins ma dixième année, en 1952, dans les « grandes » classes, la blouse commence à passer de mode. Je me souviens d'ailleurs d'avoir piqué une terrible colère contre mes parents qui continuaient de me l'imposer (par peur des taches d'encre, bien sûr !) alors que j'étais en dernière année d'école primaire. J'ai même ce jour-là proféré à leur encontre les pires insultes… en attendant toutefois qu'ils soient loin de moi (j'avais déjà un surmoi du genre lâche et prudent, comme aurait dit le père Freud…). Mais mes parents ne cèderont pas : je n'échapperai à la blouse (et au béret en hiver !) qu'à mon entrée au lycée…

Quelques points de repère : le jeudi est un « jour de repos » mais il y a école le samedi matin. La journée commence à huit heures et demi et finit à quatre heures et demie. La pause déjeuner est de deux heures et malgré l'existence d'une cantine la plupart des élèves déjeunent chez eux (Je suppose que dans la population du quartier la majorité des mères de famille ne travaillent pas). Après quatre heures et demie, les élèves peuvent rester jusqu'à six heures à l'« étude » qui est surveillée et animée par un instituteur ou une institutrice qui fait faire les devoirs pour le lendemain. Je n'y vais qu'exceptionnellement, probablement lorsque ma mère doit s'absenter.

Des enseignants très respectés

Les instituteurs et les institutrices sont en nombre à peu près égal. Nous avons aussi des enseignants spécialisés pour le sport, la musique et même le dessin. Un privilège réservé, je crois bien, aux écoliers de la Ville de Paris... et qui, m'a-t-on dit, perdure encore aujourd'hui, offrant aux instituteurs ou institutrices parisiens quelques pauses supplémentaires dans leur emploi du temps... Tous ces enseignants, spécialisés ou pas, ont, en tout cas dans mon souvenir, très peu de problèmes de discipline : ils jouissent auprès des familles et des enfants d'un prestige et d'une autorité sans doute inimaginables aujourd'hui dans ce même quartier dont la population a sans doute bien changé. En classe, il n'est pas question de parler sans y être autorisé et nous ne nous adressons aux « maîtres » et « maîtresses » qu'avec un très grand respect. Personnellement je ne me souviens de m'être mal conduit que dans un cours de dessin pendant lequel j'avais trouvé très amusant, moi en principe alors si sage, de renverser bêtement sur le sol un pot d'eau ou de peinture... Mais je ne découvrirai ce qu'est un vrai chahut collectif qu'un peu plus tard quand j'entrerai au lycée, un établissement alors fréquenté surtout par de vrais bourgeois, beaucoup moins impressionnés par les enseignants que nous l'étions à l'école primaire...

Dans notre quartier d'artisans ou de petits employés, en effet, la majorité des parents sont des petits bourgeois très respectueux de l'ordre établi et un peu impressionnés par ces détenteurs du savoir que sont les enseignant et ils attendent de leur progéniture la même attitude et le même respect vis-à-vis des représentants de l'école. Je me souviens de la déférence que manifeste mon père lui-même lorsque par hasard nous rencontrons l'un de mes instituteurs qui habite rue de Charenton à quelques centaines de mètres de chez nous.

Par ailleurs les instituteurs et institutrices de l'époque sont sans doute beaucoup mieux formés que les brutaux « hussards de la République » des années 1880 dont j'ai déjà parlé. Par exemple, les punitions corporelles sont exclues : le seul cas dont je me souvienne, et qui m'a d'ailleurs inspiré un réel dégoût, est celui d'un instituteur administrant une fessée « déculottée » devant toute la classe à son propre enfant. Peut-être souhaitait-il inconsciemment impressionner ses élèves en leur montrant de quoi il était capable. Je crois plutôt qu'il a tout simplement confondu ce jour-là son rôle de père (tel qu'il le concevait !) et celui d'enseignant...

Un point vraiment négatif tout de même, probablement en partie corrigé aujourd'hui mais je n'en suis pas certain : il y a dans toutes les classes où je me trouve au moins deux ou trois élèves littéralement abandonnés à leur sort par le « maître » ou la « maîtresse ». Considérés probablement comme un peu débiles ou caractériels, ils végètent en fond de classe, illustrant tristement la vieille blague sur les élèves disposant des meilleures places, celles proches des radiateurs. Personne apparemment ne s'en soucie...

Chaque enseignant a bien sûr sa personnalité et sa réputation : je me souviens assez bien, par exemple, du professeur de gymnastique, un homme élancé, un peu sec, qui en général nous faisait longtemps attendre le début de la séance parce qu'il avait toujours beaucoup de choses à raconter à notre jeune et certainement charmante maîtresse... Je garde aussi un très vague souvenir du professeur de chant qui (une fois par semaine, je crois), muni de son « guide-chant », sorte de piano miniature, passait de classe en classe pour nous apprendre des comptines… dont l'une me trotte encore quelquefois dans la tête.

Des résultats inégaux…

En dernière année du primaire, j'obtiens enfin de bonnes ou très bonnes notes dans la plupart des matières (j'ai enfin assimilé à peu près les tables de multiplication !). Grâce à mon bon niveau en lecture et rédaction, je talonne même le premier de la classe.

Mais sur l'ensemble de mon parcours scolaire à l'école communale, mon gros point faible est le calcul et tout spécialement le calcul mental. Je n'ai aucune confiance en moi, je panique dès qu'il faut retenir par cœur quelques chiffres pour faire une addition ou une soustraction. A cette époque où les calculatrices n'ont pas encore été inventées, c'est un défaut impardonnable. Dans les petites classes, il m'arrive d'être puni parce que je connais mal mes tables de multiplication. Pendant la récréation, les punis sont alignés les uns à côté des autres, entre deux arbres, en plein milieu de la cour qu'ils divisent ainsi en deux parties, formant une ligne médiane comme sur un terrain de football. Une disposition qui pourrait paraître curieuse mais qui est certainement idéale pour permettre aux instituteurs ou institutrices de surveiller tout le monde, les punis comme les autres. Les autres qui justement organisent leurs jeux autour des punis sans que ça pose problème. On s'ennuie tout de même ferme au piquet, la récréation semble un peu longue, et en plus, en ce qui me concerne, il me faut apprendre (ou faire semblant d'apprendre) les fameuses tables au milieu des cris et des jeux. Par contre, je ne me souviens pas d'avoir éprouvé à cette occasion le moindre sentiment d'humiliation. La punition était banale, fréquente, et la grande majorité des écoliers y passaient un jour ou l'autre. Je crois que se moquer d'un puni ne serait venu à l'idée d'aucun écolier ayant tout son bon sens.

En plus du français et du calcul, on étudie bien sûr, dès le cours élémentaire, l'histoire et la géographie mais bien trop peu à mon goût : les gaulois, Charlemagne ou Jeanne d'Arc, c'est quand même plus excitant que les dictées ou les exercices de calcul. Ça ne veut pas dire que c'est fait pour s'amuser : je me souviens d'avoir dû dans les plus petites classes apprendre par cœur chaque soir quelques phrases résumant tel ou tel période ou épisode de l'Histoire de France... Mais j'attends toujours avec beaucoup d'impatience les quelques heures de la semaine, bien trop courtes, où l'on étudie enfin autre chose que le français et le calcul...

En dehors des périodes assez rares où je suis puni, je participe activement dans la cour de récréation aux jeux à la mode (les billes, les osselets...) sans jamais me mettre en avant. Je suppose que je donne alors l'impression d'un élève un peu timide, effacé, voire craintif. Je ne fais certainement pas partie des élèves dont les enseignants se souviennent particulièrement...

Sorties et autres petits plaisirs...

Une ou deux fois par an au maximum, on fait une « sortie ». Un événement vraiment exceptionnel, donc !

Une sortie mémorable nous amena à pied jusqu'à l'écluse du canal Saint Martin, près du Pont d'Austerlitz, afin d'en découvrir « in situ » le mécanisme. Mais la sortie la plus importante, une sortie d'une journée entière, ce fut la « découverte » du château de Versailles. Elle me laissa, hélas, très frustré : je crois bien qu'après un voyage en train qui fut en lui-même un événement, nous aperçûmes à peine le fameux édifice ; le voyage « culturel » se réduisit à un pique-nique sur une pelouse du parc, -sans doute la plus proche de la gare SNCF par laquelle nous étions arrivés-, puis à une longue partie de ballon jusqu'à l'heure du retour.

Dans cette courte liste d'évènements exceptionnels, je mets à part un spectacle au Cirque d'Hiver dont je fus le seul de la classe à profiter : j'avais gagné un concours de rédaction, organisé probablement pour toutes les écoles de Paris, avec un gagnant par classe, et dont le sujet devait porter sur un endroit fameux de Paris (choisi ou imposé, je ne sais plus…). En tout cas moi j'avais rédigé un texte sur la place de la Bastille. Nous avions sans doute disposé de plusieurs jours pour rédiger puisque je me souviens que, pour me mettre dans les meilleures conditions, ma mère -pour qui tout ce qui touchait à l'école était sacré !- ma mère, donc, nous avait emmenés un jeudi, ma sœur Monique et moi, jusqu'à la célèbre place pour y admirer la colonne et m'en inspirer : probablement ai-je au moins appris à cette occasion pourquoi elle se trouvait là alors que la célèbre forteresse avait, elle, disparu ! La mémoire, je m'excuse de le répéter encore une fois, est vraiment chose bizarre : je n'ai gardé aucun souvenir du spectacle de cirque mais je me rappelle très bien du voyage en métro avec le maître chargé de nous surveiller, moi et une dizaine d'autres gamins, venant probablement tous des écoles voisines de la mienne. Des petits génies qui, comme moi, avaient rédigé « la meilleure rédaction de la classe »…

En dernière année d'école primaire, nous avons alors entre dix et onze ans, l'institution scolaire décrète dans sa grande sagesse que nous devons tous savoir nager. Une fois par semaine, notre instituteur nous conduit donc à la piscine de l'Avenue Ledru Rollin, à côté du Pont d'Austerlitz. Grâce aux vacances familiales en Bretagne, je fais partie des quelques élèves qui savent déjà nager convenablement. Pour les autres ces séances d'apprentissage sont parfois de véritables tortures. L'instituteur nous laisse tous entre les mains d'un ou deux maîtres-nageurs, des hommes visiblement sans aucune expérience des enfants qui, pendant une bonne heure, hurlent sur les plus maladroits, particulièrement sur les plus timorés... Lesquels sont parfois jetés de force dans l'eau malgré leurs cris d'effroi. Je suppose que beaucoup de mes camarades ont ainsi été dégoûtés définitivement de l'eau et de la natation... Personnellement, j'observe ces brutalités absurdes avec effarement et je garde un très mauvais souvenir de cette heure passée au milieu des hurlements et des cris. L'instituteur, lui, ne se sent pas concerné. Il en profite pour bouquiner dans un coin...

Dans cette impressionnante récapitulation des événements exceptionnels de ma vie d'écolier, j'ai gardé le meilleur pour la fin : un déplacement aux bains-douches municipaux. Chronologiquement il se situe quelques années avant les séances de piscine, disons autour de ma huitième ou neuvième année...

D'abord un mot du contexte : l'Education Nationale d'alors était probablement consciente du problème de l'hygiène dans nos quartiers. Je me souviens d'une réflexion particulièrement blessante faite par une femme, médecin ou infirmière scolaire, à l'occasion de la visite médicale annuelle. La cérémonie avait lieu dans la classe elle-même, faute sans doute d'un local plus approprié. La petite dame à l'air revêche qui officiait cette année-là nous avait fait mettre torse nu et, installée sur l'estrade près du tableau, elle nous faisait venir, l'un après l'autre, pour promener son stéthoscope sur l'avant et l'arrière de nos côtes. Lorsque ce fut mon tour, j'eus droit à une moue dégoûtée et à une réflexion humiliante : « Je sais bien qu'il n'y a pas beaucoup de douches dans le quartier mais quand même… ». Soixante-dix ans plus tard (ou presque !), je n'ai pas oublié !…

Mais j'en viens à la grande équipée que fut cette « sortie de classe » aux bains-douches municipaux de la rue de la Brèche-aux-Loups. Pourquoi ceux-là et non ceux situés juste à côté de notre immeuble, le 194 rue de Charenton, qui étaient, je crois, un peu plus proches de notre école, je n'en ai aucune idée… Quoi qu'il en soit, c'est probablement à cette occasion que j'ai vu des installations de douches pour la première fois. Le but de cette expédition était, je suppose, d'apprendre aux jeunes générations l'importance de l'hygiène corporelle. Peine perdue sans doute : ce sont les parents qu'il aurait fallu convaincre… Au moins ce jour-là avons-nous tous senti bon pendant quelques heures, une bonne odeur de savon de Marseille, ce qui n'était sans doute pas toujours le cas (voir le paragraphe précédent !)…

Plume « sergent-major » et timbres « antituberculeux »

Mis à part le stupéfiant coup d'éclat qu'ont représenté ma rédaction sur la place de la Bastille et la séance de cirque ainsi emportée de haute lutte, je fais partie pendant toutes ces années des élèves dont on ne dit rien, qui ne se font remarquer ni pendant la classe ni dans la cour de récréation. J'ai tout de même un point fort : la lecture. Que je maîtrise vraiment bien dès la deuxième ou troisième année d'école primaire. Je m'ennuie même parfois un peu pendant les séances de lecture « collective » où chaque élève lit à tour de rôle, à haute voix et parfois en ânonnant péniblement, une ou deux phrases d'un petit texte d'une page ou deux : un texte qu'en général moi j'ai parcouru en quelques instants…

L'écriture, par contre, me pose de gros problèmes. Non que j'aie du mal à rédiger ou que je fasse plus de fautes qu'un autre (c'est plutôt le contraire) mais à cette époque où l'on écrit encore avec des plumes du genre « sergent-major », je n'arrive pas à former les belles lettres, légèrement penchées à droite, qui sont la norme. Spontanément j'écris vertical (ou à peu près… Ah si seulement, c'était *vraiment* vertical !) et surtout j'écris moche, très moche, sans réussir à réaliser ces belles courbes symétriques qui vous posent un bon élève et font la fierté de ses maîtres et de ses parents. Pourtant j'aimerais bien faire, je m'applique mais sans doute suis-je un gaucher contrarié ou, plus banalement, un grand maladroit.

Lassé des remarques vexantes, et des mauvaises notes, je décide un jour de frapper un grand coup, de changer complètement d'écriture, d'adopter vaille que vaille une écriture qui penche à droite. Le résultat est catastrophique, encore pire sur le plan esthétique que toutes mes réalisations précédentes… et par-dessus le marché j'écope d'une note désastreuse. Très déçu et vexé, pour ne pas dire dégoûté, de ce total manque d'égards pour ma bonne volonté, mes efforts et mon courage, je me résigne à écrire, ma vie entière, vertical et moche. Ainsi se forgent les destins !

Une autre activité où je suis vraiment très mauvais, c'est la vente des timbres « antituberculeux ». Une ou deux fois par an, chaque élève reçoit un carnet de vignettes, valant chacune une toute petite somme et qu'il s'agit de « placer » auprès de généreux donateurs. Les fonds recueillis servent, nous explique-t-on, à construire ou à faire vivre des sanatoriums où sont soignés les enfants victimes de la tuberculose -à l'époque c'est une maladie encore très répandue. En revenant de l'école, je propose en vain mes timbres à quelques passants. Et, suivant les conseils de l'instituteur ou de l'institutrice et avec l'autorisation des parents, je fais tous les étages du 194. Sans grand résultat : la plupart des passants et quelques-uns des locataires ont soi-disant « déjà donné ». Ce sont mes parents qui me tirent d'affaire et « achètent » le reste des timbres ; c'est-à-dire en fait la presque totalité du carnet... A priori je n'ai donc pas du tout un tempérament de vendeur. D'autant plus que, contrairement à ce qu'annonce l'enseignant ou l'enseignante en distribuant les carnets, moi en tout cas, cette activité ne m'amuse pas du tout, c'est le moins qu'on puisse dire...

Un spectacle gratuit pour petits écoliers...

J'en terminerai par un traumatisme très personnel : ne s'est jamais effacé de ma mémoire le souvenir d'une pratique impensable aujourd'hui, en ces temps où, dans les pays occidentaux, on ménage en principe la sensibilité des enfants. Je dis bien *en principe* compte tenu des images abominables qui circulent en permanence sur les écrans... Mais pendant ces années d'immédiate après-guerre c'était du vrai sang et de vraies horreurs qu'on nous laissait voir... Qu'on en juge : le matin en arrivant à l'école, nous, les petits écoliers de la rue Bignon (âge moyen : huit ou neuf ans) nous trouvions souvent au bord du trottoir, juste devant l'entrée de l'école des garçons, l'épave d'une voiture très grièvement accidentée et sans doute ramenée par la police la veille ou le matin même (à l'époque le commissariat de l'arrondissement était juste en face de l'école). Presque toujours d'importantes taches de sang maculaient les sièges, surtout celui du conducteur. Je me souviens d'avoir examiné plusieurs fois ces horreurs avec d'autres gamins, passant éventuellement la tête à l'intérieur des véhicules pour mieux profiter du spectacle…

Rien d'étonnant que ce beau spectacle fût si fréquent : à cette époque où beaucoup de voitures roulaient déjà à des vitesses d'environ 100 kilomètres/heure, les ceintures de sécurité n'existaient pas encore (en France il faudra attendre les années 1960). Et surtout la conception même des véhicules les transformait en engins mortels en cas de choc frontal à grande vitesse, le torse du conducteur étant littéralement écrasé par la colonne de direction, ce que trahissait l'état de son siège… Les gamins de six à dix ans qui comme moi ont tourné autour de véhicules dans cet état ont peut-être reçu une mémorable leçon de sécurité routière. Mémorable mais aussi, je crois, un peu prématurée…

18

La religion... et « le » Parti

Un clergé... et un « Parti » (encore) tout-puissants...

A la fin des années 1940 et au début des années 1950, dans la partie du douzième arrondissement où nous habitons, les petits-bourgeois de condition modeste (employés, artisans, petits fonctionnaires, « techniciens »...) sont très nombreux et sont aussi, pour la plupart, des catholiques pratiquants qui vont régulièrement à la messe du dimanche et envoient leurs enfants au catéchisme. Lesquels font à huit ans leur première communion ou « communion privée », (c'est-à-dire qu'ils reçoivent pour la première fois, sous la forme d'une hostie, « le corps du Seigneur ») et à douze ans leur « communion solennelle » : une grande cérémonie qui marque la fin de l'instruction religieuse mais qui est aussi en pratique une sorte de rite de passage marquant la fin de l'enfance pour les petits catholiques.

Pour les gamins de cette époque, comme ma sœur ou moi-même, le « caté », ça n'était ni une formalité ni une partie de plaisir. Qu'on en juge : la dernière année (car je crois, sans en être sûr, que cette corvée nous était épargnée pendant les années précédentes), la séance commençait le jeudi matin par une messe qui durait au moins une heure... En latin bien sûr, et tout aussi ennuyeuse que celle du dimanche. Les « leçons » proprement dites consistaient surtout à apprendre par cœur tous les dogmes et « vérités révélées », le plus souvent sous forme de questions/réponses dont la liste semblait interminable. La place laissée à la réflexion ou à l'étude des évangiles était quasi nulle. Nous subissions alors un bourrage de crâne pur et simple... qui aujourd'hui n'aurait certainement pas grand-chose à envier à celui des officines intégristes musulmanes, dénoncées actuellement sur nos médias avec tant d'insistance.

Tout était d'ailleurs formalisé, codifié dans le détail : par exemple dès la première année, on nous remettait au début de chaque période de vacances scolaires un petit « carnet de messe » que nous devions faire tamponner ou signer par un officiant du lieu de vacances à la fin de chaque cérémonie dominicale. Une formalité qu'il ne fallait surtout pas oublier, la menace étant, si le carnet n'apportait pas la preuve qu'on avait bien assisté à toutes les messes dominicales, de redoubler une année de catéchisme ou de ne pas être admis à faire sa communion « solennelle ».

*
***

Dans ces années d'après-guerre, les prêtres exerçaient encore sans vergogne sur les gamins qui leur étaient confiés, et accessoirement sur les parents, une très forte pression psychologique et morale, notamment et surtout par le biais de la « confession », une pratique qui leur permettait de pénétrer brutalement dans l'intimité sentimentale ou sexuelle des enfants ou des parents « pratiquants ». Les enfants sont alors traités sans ménagement : j'ai vu plusieurs fois des gamins réputés

« durs » qui se vantaient de raconter n'importe quoi au « curé »... et qui sortaient en pleurs un peu plus tard du confessionnal... Mais pourquoi la hiérarchie catholique se serait-elle gênée ? « Créez de la crise ! » enjoignait à cette époque aux enseignants des écoles religieuses un auteur à succès comme Montherlant, ancien élève des bons pères et pédophile notoire (lire sa notice Wikipédia) comme son compère et complice Roger Peyrefitte... Sa pièce qui connut un grand succès « La ville dont le prince est un enfant » (date de parution en librairie : 1951, l'année de mes neuf ans), contient une sorte d'apologie à peine voilée de la pédophilie au sein de l'église.

Les adultes catholiques et pratiquants ou demi-pratiquants (une majorité de la population dans le quartier petit-bourgeois où nous habitions) ne sont alors guère plus ménagés que les enfants par les autorités religieuses : les principes qui doivent guider leur vie sentimentale et sexuelle sont rappelés avec insistance à chaque occasion : malheur à la fille-mère, la jeune fille ou la jeune femme qui a « fauté » ; haro sur le couple, avec ou sans enfant, qui a divorcé ; honte à ceux qui pratiquent (comme ils peuvent !) la contraception avec les « techniques » de l'époque... Et devant les enfants ou les adolescents, on ne parle qu'à mots couverts de ces « crimes » ou « abominations » que sont l'avortement et l'homosexualité...

Par ailleurs l'action de l'Eglise prend parfois aussi des aspects un peu folkloriques : au début des années 1950, alors que j'ai une dizaine d'années, une « Mission », c'est-à-dire une équipe de trois ou quatre prêtres itinérants, s'installe dans notre paroisse. Pendant environ un mois, en fin d'après-midi, ma mère nous emmène plusieurs fois par semaine, ma sœur et moi, assister aux sermons délivrés du haut de la chaire de l'église par ces « missionnaires » qui font un véritable « show », un spectacle qui personnellement me subjugue : le contenu de leur discours est certes à peu près le même que celui des sermons habituels (il s'agit toujours de la menace des feux de l'enfer...) mais au moins, chose extraordinaire, on ne s'ennuie pas comme aux messes hebdomadaires. Car pour une fois, c'est un spectacle fascinant qui se déroule dans la « Maison du Seigneur »... Fascinant en tout cas pour moi qui vois et entends pour la première fois de vrais orateurs (bons ou mauvais, c'est une autre histoire !). Dans la manière outrancière de l'époque, ils usent de tous les ressorts et ficelles du métier, y compris la gestuelle et les imprécations ou vociférations... Autre événement « folklorique » : la procession de la Fête-Dieu au mois d'août, en Bretagne, à laquelle ma mère tient à nous faire participer, ma sœur et moi : je me souviens, assez vaguement d'ailleurs, de m'être baladé avec ma sœur à travers les rues de je ne sais plus quelle petite ville bretonne, une corbeille de fleurs à la main...

L'Eglise des années 1950 ne s'intéresse pas seulement à la vie sexuelle de ses ouailles. Leurs loisirs en particulier sont surveillés avec la plus grande vigilance : un bulletin distribué gratuitement à la sortie des messes dominicales attribue une cote « morale » à tous les films dès leur sortie : « A » pour les films visibles par tous « en famille » ; « B » pour les films visibles par les adultes « avec réserve » etc... Parmi les films « à déconseiller formellement » ou (selon une terminologie, moins brutale, de la fin des années 50) « à rejeter par discipline chrétienne », figurent notamment tous les films qui critiquent même modérément les pratiques et le fonctionnement de l'église catholique. Cette rigueur, d'ailleurs, n'est pas près de s'adoucir et s'exercera bien au-delà de mes années d'enfance : en 1966, encore, le

beau et sobre film de Jacques Rivette, « La Religieuse »
sera censuré sur la demande des autorités religieuses !...

Les années 1950, c'est aussi bien sûr (mais
probablement les choses n'ont guère changé, au moins
dans certains milieux) le règne de l'hypocrisie : le
« bouche à oreille » fonctionne et chacun sait bien par
exemple qu'une partie non négligeable du clergé et de sa
hiérarchie ne s'applique pas à elle-même ces terribles
règles imposées par l'institution, notamment dans le
domaine de la sexualité ou de la chasteté... Certains
prêtres d'ailleurs sont bien sûr écartelés entre leur foi
sincère et la règle du célibat : ainsi le « compagnon » de
la sympathique jeune femme, dont le cabinet de
médecine générale est au premier étage de notre
immeuble, le 194, est un prêtre en soutane que nous
croisons souvent dans l'escalier. C'est « le petit curé de
la doctoresse », comme nous disons sans penser à mal.
Un homme effectivement petit, qui semble même
minuscule, tant il se tasse, probablement écrasé par la
gêne ou la honte lorsqu'on le croise, ce qui ne nous
empêche pas de vite le repérer. Toujours très poli, il ne
s'attarde jamais par contre en salamalecs (les habituels
« Après vous, je vous en prie etc...... »). Cinq ou six ans
au moins après qu'il soit apparu dans les escaliers du
194, mettant fin à l'hypocrisie il quittera enfin la soutane
et s'installera définitivement avec sa jeune compagne au
premier étage de l'immeuble... Lors d'une visite qu'elle
nous rend à cette époque (probablement à l'occasion
d'une de mes angines...) notre doctoresse, qui a alors
une bonne trentaine d'années, nous parle de son
« mari », confirmant ainsi avoir enfin régularisé une
situation déjà ancienne... A cette occasion, elle évoque
en quelques mots sa conception de la religion, celle d'une
catholique convaincue et « pratiquante » mais qui sait
prendre ses distances avec certaines règles... Moi-même

à l'époque, je ne suis plus qu'un demi-pratiquant (j'ai environ treize ou quatorze ans ; je vais à la messe avec mes parents... mais j'échappe désormais à la sacro-sainte confession) et j'admire, et envie, la capacité tranquille de cette jeune femme à faire la part des choses, à rester membre d'une communauté sans adhérer à tous ses diktats...

Dans ces années 1950, la seule véritable autorité morale concurrente de l'Eglise (la catholique, bien entendu !) est alors le Parti, le parti communiste, bien sûr... tellement puissant alors qu'on le désigne très souvent comme « le » Parti ! Écarté du gouvernement depuis 1947, il reste très influent dans la société et continue de diffuser largement des idées et une morale qui se proclament « anti-bourgeoises » mais qui dans bien des domaines (par exemple dans tout ce qui touche à la vie familiale et à celle du travail) ne sont guère différentes de la morale catholique...

Dans notre quartier où pourtant sa clientèle « naturelle », c'est-à-dire la population ouvrière, est assez minoritaire, le Parti fait tout de même sentir sa présence : par exemple tous les dimanches matin l'édition dominicale de son journal, « L'Humanité-Dimanche », est proposée par des militants aux principaux coins de rue et aux sorties de métro. Et chaque jour, à une centaine de mètres de chez nous, sur un grand panneau fixé à un vieux mur crasseux, le Parti affiche in-extenso les pages de « L'Humanité » imprimées le matin même.

Nul ne se risquerait je crois, à importuner les vendeurs de L'Humanité-Dimanche ou à arracher le numéro du journal placardé quotidiennement sur un mur. Catholiques (plutôt pro-américains et « atlantistes » comme on dit déjà) et communistes (thuriféraires inconditionnels de l'Union soviétique) se combattent à coup d'articles au vitriol, de sermons ou de meetings mais se respectent…

Personnellement, à partir de l'âge de onze ans, revenant du lycée je m'arrête quelques minutes presque chaque jour pour lire ou parcourir rapidement quelques articles de l'Humanité. Je me souviens surtout des « billets » quotidiens d'André Wurmser, en première page, qui pouvaient se lire en quelques secondes… Cette lecture me change des pages politiques de France-Soir, journal « neutre », toujours attentif à ménager la chèvre et le chou, autrement dit toutes les sensibilités politiques ou religieuses de ses très nombreux lecteurs…

Au niveau des idées, la lecture du quotidien communiste ne m'influence guère. Moi qui baigne depuis la petite enfance dans un milieu familial conservateur et même très droitier, je ne risque pas d'adhérer à cet autre catéchisme qu'est le communisme de cette époque, au langage très stéréotypé du journal et à la glorification systématique des réalisations moscovites. Il n'empêche : grâce à l'Humanité je comprends un peu mieux que la politique, ça n'est pas seulement ce que relatent avec gourmandise les chroniques de France-Soir : des négociations de marchands de tapis entre partis et de continuels remaniements ministériels… Je réalise vraiment que la politique, c'est aussi des convictions, des idées qu'on peut défendre ou combattre...

Par ailleurs, je ne montre guère de signes, à cette époque, d'une grande maturité intellectuelle. Au moins jusqu'à environ treize ans, encore imprégné de catholicisme jusqu'à la moelle, très impressionnable et craintif, parfois à la limite du ridicule, oubliant tout esprit critique, toute distance, je prends au pied de la lettre les menaces du feu de l'Enfer proférées sans modération par les hommes de Dieu… Et je prépare soigneusement mes « confessions » en répétant dans ma tête la liste de mes péchés, surtout ceux qui pourraient être « mortels ». (On ne sait jamais… Mieux vaut prendre ses précautions !).

Je ne sortirai que lentement de l'enfance… et encore plus lentement de l'univers de la religion.

La communion « solennelle ». Premier épisode : le gros chanoine et l'enfant qui souriait bêtement…

Du catéchisme lui-même, je garde un souvenir pour le moins mitigé. Non seulement pour les raisons déjà évoquées, mais aussi pour un motif personnel : au « caté » j'avais une année « d'avance » sur mes condisciples, surtout ceux de l'école communale, et j'étais souvent « snobé », ou mal accepté, par eux. Ils me considéraient comme un « petit », de la « classe du dessous ». Le but, plus ou moins avoué par mes parents, de cette année d'avance était que je fasse ma communion « solennelle » en même temps que ma sœur plus âgée que moi d'un an. Il n'y aurait ainsi qu'une seule « grande » fête familiale à organiser… Il s'en fallut de peu pour qu'au tout dernier moment, et par sottise, je fasse échouer ce beau projet…

Au catéchisme, j'étais par ailleurs un excellent élève, pour ne pas dire le meilleur, sans avoir d'ailleurs à faire de grands efforts intellectuels : j'apprenais par cœur très soigneusement les longues listes de questions/réponses qui étaient la base du système d'enseignement religieux. Et à ce petit jeu un peu stupide j'étais presque toujours le meilleur… Je battais même, s'il vous plait, les élèves de l'école privée catholique, qui suivaient le « caté » avec ceux de la « communale » mais

214

bénéficiaient (!) par ailleurs de cours de religion supplémentaires au sein même de leur école !

Ces brillantes performances ne m'évitèrent pas de me faire exclure du « caté » (par ma propre bêtise, je le répète) juste avant la fameuse « communion solennelle », cet aboutissement de plusieurs années d'enseignement religieux (ou bien, faudrait-il dire d'« endoctrinement » pur et simple ?).

*
***

La cause indirecte de ce petit drame (mon renvoi du catéchisme), c'est une invitation à diner chez le couple René/Rosette (frère et belle-sœur de ma mère). Nous ne rentrons ce soir-là qu'à minuit passé et le lendemain, qui est un jeudi, jour de catéchisme, ma mère, croyant bien faire, nous laisse dormir un peu plus tard que d'habitude, ma sœur Monique et moi. Le résultat, c'est que nous arrivons tous les deux avec quelques minutes de retard à la messe qui précède la séance de catéchisme du jeudi matin.

Ce que ma mère ne sait pas, c'est que le curé de la paroisse, un certain « chanoine Gremet » (ne pas omettre, s'il vous plait, son titre de chanoine auquel il tient à l'évidence beaucoup !), gros et gras d'ailleurs comme un chanoine de Rabelais (alors qu'en 1953 on sort tout juste d'une période de rationnement alimentaire !), ce bon curé-chanoine, donc, fait régner, sous une rondeur souriante, un air patelin et des manières onctueuses (surtout avec les dames) une discipline de fer, frisant parfois le sadisme. Or c'est justement lui qui ce jour-là, exceptionnellement, s'occupe du catéchisme des garçons de troisième année, c'est-à-dire le groupe des futurs communiants dont je fais partie. Après la messe, il nous rassemble donc pour une réunion dite de « préparation à la communion solennelle », laquelle doit avoir lieu un ou deux mois plus tard. Il en profite pour fustiger immédiatement, -en me jetant par-dessous ses gros sourcils des coups d'œil assassins-, « les futurs communiants qui ne respectent même pas les horaires de la messe ! ». Je suis évidemment visé...

Affreusement gêné d'être ainsi désigné publiquement, (en face d'une assistance de plus de cinq ou six personnes, il m'arrive encore de perdre tous mes faibles moyens...), peut-être aussi mal réveillé, j'esquisse stupidement pendant plusieurs secondes un sourire niais, non pour le défier ou me moquer mais pour prendre une contenance, transformant ainsi (par sottise) en crime inexcusable une faute gravissime (dix minutes environ de retard à la messe). L'homme de Dieu pointe alors vers moi un doigt vengeur et m'exclut immédiatement de l'assemblée en précisant qu'il n'est plus question que je fasse ma communion solennelle le mois suivant. Et puisque je trouve ça drôle de rater le début de la messe, je ferai une année de catéchisme supplémentaire ! En attendant, je suis invité à aller passer un bon moment dans la cour où il fait un froid de canard (On doit être à la fin mars ou au début d'avril). Exprimée devant toute l'assistance, figée dans un silence de mort, cette exclusion a bien entendu un caractère définitif. Je sors de la salle, anéanti.

La communion « solennelle ». Deuxième épisode : La grande frayeur

Tandis que je me gèle ainsi tout seul dans la cour de l'église pendant ce qui me semble une éternité, ma sœur Monique participe, dans une autre salle, à la réunion de préparation de communion organisée pour les filles. Celles-ci ont été prises en charge par un autre prêtre (à cette époque l'église n'en manque pas : il y en a au moins six ou sept pour administrer une paroisse parisienne de taille moyenne comme la nôtre !). Une ou deux heures plus tard, donc, Monique, sortant de sa réunion, me découvre, effondré, larmoyant... et grelottant, dans la cour de l'église. Elle fonce tout de suite rue de Charenton prévenir ma mère qui se précipite pour me récupérer... et surtout avec l'espoir de faire revenir sur sa décision le terrible chanoine, lequel, par l'intermédiaire de sa secrétaire, refuse de la recevoir (« Il faut prendre rendez-vous ; monsieur le curé est très occupé ; impossible de donner une date dans l'immédiat ; revenez demain... »).

Ça sent le roussi et l'heure est grave : il n'est pas question d'annuler purement et simplement la grande fête familiale prévue puisque de toute façon ma sœur doit faire, elle aussi, sa communion le mois suivant. Mais tout le plan échafaudé de longue date s'effondre : si le terrible chanoine ne revient pas sur sa décision, il faudra organiser non pas un mais deux repas de communion, l'un pour ma sœur et l'autre pour moi, un an plus tard !... Au passage, il faut reconnaître que préparer ce genre de réjouissance familiale pour une trentaine de personnes n'est pas simple : d'ailleurs au moment où se déroule cet incident, on a déjà étudié comment déplacer les meubles de la salle à manger (pour faire tenir trente personnes dans vingt-cinq mètres carrés !) ; retenu les services d'un cuisinier ; fait appel à la concierge qui doit aider pour le service. On a même déjà élaboré le menu... Recommencer tout le tintouin l'année suivante semble absurde et ferait frémir les parents les mieux intentionnés. C'est donc une catastrophe absolue dont Louis et Geneviève s'entretiennent mais à mi-voix devant les enfants … Quant à moi, la perspective de me taper une année de catéchisme supplémentaire, supervisé par le chanoine !, me fait froid dans le dos…

Mais le Saint Esprit ou le petit Jésus devaient veiller sur nous car finalement tout s'arrange grâce à un jeune prêtre sympathique, responsable direct du catéchisme des garçons… Je suis son meilleur élève et il m'aime bien : en tout bien tout honneur, je le précise ! Il connaît très bien aussi toute la famille Colin à qui il serre la pince tous les dimanches à la sortie de la grand-messe. Parfois même, je crois l'avoir déjà dit, mon père lui offre alors une cigarette et entame avec lui une discussion sur tout et n'importe quoi. Bref le jeune vicaire, -c'est son titre-, accepte d'intervenir auprès de l'impitoyable chanoine. Lequel, Dieu soit loué, finit par revenir sur sa décision après nous avoir laissé mijoter au moins deux ou trois semaines. Je serai donc, de justesse, autorisé de communion « solennelle ». Toutefois (le « toutefois » est important : c'est la loi de l'emmerdement maximum) pour expier mon crime, je dois passer un « examen de rattrapage de catéchisme » (sic) devant l'« archiprêtre » de la paroisse : un très vieil homme, deuxième dans l'ordre de la hiérarchie paroissiale, mais à moitié sourd et luttant en permanence contre l'endormissement. L'épreuve étant orale, je dois hurler pour lui réciter les Dix Commandements et la formule de la Sainte Trinité. Impossible de savoir s'il a vraiment compris mes réponses... Peu importe : il sort de son sommeil et me déclare digne de communion solennelle !

La communion solennelle. Troisième épisode : les beaux habits et le banquet

De la cérémonie religieuse je n'ai gardé aucun souvenir. Je me souviens par contre d'être allé avec ma mère, quelques jours avant la fête, dans une boutique du centre de Paris, -dans le quartier du Marais probablement-, pour y louer un ensemble très « habillé » (veston gris sombre agrémenté de revers noirs en pointes et large pantalon gris clair) et un énorme brassard blanc destiné à être noué à mon bras gauche. Sur une des trois petites photos de ce grand jour que j'ai retrouvées, plus sérieux qu'un pape je flotte un peu dans ma sombre veste de location et je tiens fermement entre mes mains jointes le sacro-saint missel, accessoire indispensable pour tout communiant solennel qui se respecte. Les cheveux bien gominés, le cou pris dans un col dur et la cravate bien ajustée, un brassard interminable pendouillant à mon côté, je fixe bravement l'objectif. Bref j'incarne à peu près l'image du communiant idéal de l'époque... Ma mère est certainement très fière de moi et d'elle-même...

Ma sœur, déguisée suivant les usages de l'époque en petite mariée, et donc coiffée et vêtue de blanc de la tête aux pieds, sourit largement en écartant des deux mains un grand voile d'un blanc immaculé qui descend jusqu'à terre et cache en partie une belle robe longue, d'un blanc tout aussi virginal, dont la partie basse est agrémentée de larges plis et d'étroites bandes brodées horizontales. Pour une fois Monique porte un vêtement qui n'a certainement pas été confectionné par sa couturière de mère...

219

Bien entendu nous reçûmes ce jour-là de nos parrains/marraines, grands-parents etc... les cadeaux habituels (missels, montres, croix en or, que sais-je...).

Aucune trace, donc, dans ma mémoire de la messe de communion mais je me souviens un peu, par contre, du repas ou plutôt du banquet qui eut lieu rue de Charenton et occupa toute la soirée jusque tard dans la nuit. Je passe sur l'effervescence qui entoura les derniers moments de préparation de la fête où malgré les moyens déployés (un cuisinier et notre vieille concierge, Elise, réquisitionnés pendant plusieurs heures...), il y eut forcément quelques ratés et quelques émotions. Tout se passa en fait comme dans les fêtes de mariage de mes cousines, des réjouissances familiales qui eurent lieu à peu près à la même époque. A partir d'une certaine heure, chacun et chacune y allèrent de leur petite chanson, parfois grivoise et même frisant l'obscénité. Quand je dis que chacun avait « sa » chanson, il ne s'agit pas d'une figure de style car le répertoire de la plupart des membres de la famille, surtout celui des adultes, était assez limité. Mon père ressortait toujours les mêmes couplets, truffés de quelques allusions obscènes où il était question d'un certain « Fadoli », rétameur de poêles en tout genre... dont il était prêt à boucher tous les trous. Les dames, y compris ma mère, poussaient aussi la chansonnette mais en restant toujours parfaitement convenables : je me souviens vaguement de complaintes interminables où il était question d'honneur virginal bafoué et d'amour définitivement perdu... La plus audacieuse des chanteuses était ma tante Jeanne qui, montée sur une chaise pour compenser sa petite taille, mimait, en reprenant le refrain d'une rengaine, le geste pudique d'une jeune fille dont la jupe s'envolait, « sa jupe qui, volait, qui volait, sa jupe qui volait au vent », obtenant à chaque fois un très grand succès...

Quant aux plus jeunes, très jeunes adultes ou grands adolescents, ils jouaient souvent le jeu et y allaient aussi de leurs chansons préférées, surtout mes jeunes cousines de la Porte d'Ivry (les filles de ma tante Françoise, celles qui se marièrent à peu près à la même époque) dont les voix claires et les airs un peu (en fait pas tellement...) plus modernes apportaient un peu de fraîcheur à l'ensemble. Il y avait Solange, la plus jolie et la plus timide, Simone, extravertie et chahuteuse en diable, Christiane, sérieuse et réservée et dont le sourire semblait indiquer en permanence qu'elle n'en pensait pas moins... Toutes trois se marièrent en l'espace d'un an ou deux.

Dans ma mémoire toutes ces fêtes à peu près contemporaines se confondent. Notamment les mariages des cousines, chez ma tante Françoise. Ça se prolongeait toujours tard dans la nuit, bien après l'heure du dernier métro. Venait alors, après les derniers verres et les dernières chansons, un moment difficile qui était celui de l'attente du « premier métro », celui du jour suivant, vers cinq heures ou cinq heures et demi du matin...

On s'amusait de bien peu mais je ne suis pas sûr que la vie familiale de notre début de millénaire apporte beaucoup plus de satisfaction aux familles modestes d'aujourd'hui, recomposées ou non.

Je me souviens aussi que plusieurs petits drames marquèrent ces fêtes : disputes et controverses absurdes et même une fois un accident sans gravité dont fut victime un cousin déjà adulte qui, un peu éméché, avait voulu monter sur sa petite moto toute neuve (à l'époque, une véritable attraction) pour faire une course quelconque et revint un peu plus tard assez sérieusement amoché et même sanguinolent... mais désireux de profiter tout de même de la fête jusqu'au bout...

Je suis presque sûr, par contre, que la soirée de notre communion solennelle, à ma sœur et à moi, se termina sans drame, qu'il n'y eut ni dispute homérique ni crise de larme intempestive -ce qui, vu les quantités d'alcool absorbées par certains dans ce genre de manifestation, n'était jamais gagné d'avance...

Une sérieuse controverse : ma « vocation »

Ma supposée « vocation religieuse » : un bel exemple de la façon dont nos mémoires sélectionnent ou fabriquent purement et simplement des souvenirs en veux-tu, en voilà…

Malgré l'épisode du gros chanoine, j'avais été, on l'a compris, pendant mes trois ans de catéchisme un élève modèle en tous points, maîtrisant tous les chausse-trappes au jeu des questions-réponses, de la Sainte Trinité à l'Immaculée Conception. Cette image de « fort en caté » explique probablement que ma mère se soit persuadée, quelques décennies plus tard, de ma « vocation » religieuse à cette époque. Pourtant j'ai beau fouiller dans les restes les plus douteux de ma mémoire, je ne trouve pas la moindre trace d'un tel projet.

Plutôt qu'à un véritable sentiment religieux, la piété que je manifestais tenait d'ailleurs, me semble-t-il, à la peur du père fouettard qui régentait le ciel. Un Dieu d'amour, nous disait-on pourtant quelquefois (beaucoup moins qu'on ne le dit aujourd'hui), mais surtout un impitoyable patriarche qui vous balançait en enfer pour l'éternité en cas d'écart important par rapport à la morale (la sienne, bien sûr, celle des questions/réponses du catéchisme, justement !…). Ça incitait à la prudence, ça fichait les jetons… mais ça ne donnait pas spécialement envie de se mettre à son service... Pourtant, des années plus tard, ma mère insistait, me pressant d'avouer : « Mais si, j'en suis sûre, à l'époque où tu as fait ta communion, tu voulais devenir prêtre ! »... Il faudra tout de même que j'examine la question plus sérieusement... si Dieu m'en laisse le temps ! En me prêtant de telles intentions, peut-être ma mère exprimait-elle une ambition inavouée et déçue : la prêtrise était encore dans les années d'après-guerre un état bénéficiant d'un réel prestige. Avoir un fils prêtre, surtout à la campagne mais même en ville, ça vous posait ! Et puis ma mère, sans être bigote ou même dévote, avait la foi du charbonnier. Allez savoir...

Moi je me souviens plutôt d'avoir été très vexé un peu plus tard, vers douze ou treize ans, par je ne sais plus quel adulte peu inspiré qui me trouvait le visage d'un prêtre... Comme sans doute beaucoup d'autres adolescents du même âge, j'ai passé alors un certain temps à m'étudier devant la glace, inquiet peut-être à juste titre de mon apparence physique, redoutant (qui sait ?) de ressembler un jour à un ignoble chanoine rabelaisien...

19

Les vacances

Nogent-le-Rotrou…

Heureusement pendant toutes ces années d'enfance, les longues périodes de claustration dans le petit appartement parisien sont entrecoupées de grands moments de respiration. Je pense aux vacances, bien sûr…

Il y a d'abord les vacances de Pâques et une partie de celles d'été (mais pas le mois d'août, en principe consacré à la Bretagne, j'en reparlerai) : ça fait en tout environ deux mois par an passés avec ma mère dans la maison où vivent mes grands-parents maternels, en lisière de la petite ville de Nogent-Le-Rotrou, dans le Perche. Mon père, lui, nous rejoint les week-ends. La maison est seulement à deux ou trois cents mètres du centre-ville mais à l'époque, c'est encore la campagne… En attendant que les prairies qui l'entourent laissent la place quelques années plus tard aux « résidences » ou lotissements de maisons individuelles….

A Nogent, ma mère est là, bien sûr, mais sa surveillance est beaucoup plus légère. Le jardin qui jouxte la maison est presqu'entièrement occupé par les plantations du grand-père mais nous sommes autorisés à jouer dans les prés ou dans la rue qui, dans ma petite enfance, n'est encore qu'un chemin de terre. Dès le tout début des années 50, elle sera goudronnée mais cela ne nous gênera pas, bien au contraire : pendant des années les rares voitures qui passent ne nous empêcheront pas d'y jouer au ballon-prisonnier, au « jokari » (un jeu très à la mode à l'époque : on tape avec une raquette en bois dans une balle attachée à un socle par un élastique), à la marelle etc... Le plus souvent on s'amuse avec des enfants du voisinage qui habitent là toute l'année... Il y a souvent des « grands » pour surveiller les plus jeunes. Ça n'empêche pas que parfois on invente des jeux idiots, on risque notre vie sur des vélos déglingués, on tente (en général sans succès) de pêcher dans la pièce d'eau proche de la maison et où ma mère va de temps en temps laver le linge de la famille…

Dans ma petite enfance, je participe aussi à des aventures aussi fabuleuses que la chasse aux escargots avec mon grand-père. Et surtout j'ai le droit d'aller avec lui à son « grand » jardin, entouré de haut murs, qui se trouve à quelques centaines de mètres de la maison (près des vieilles masures en location qu'il a héritées de ses parents). En été, il y travaille tous les après-midis. C'est un homme très sévère, brutal à l'occasion. Il se souvient avec nostalgie des années qu'il a passées dans l'armée comme sous-off dans un régiment de dragons ; il raconte lui-même avec une certaine lucidité qu'il était trop « soupe-au-lait » (traduisez : coléreux) pour faire carrière dans l'armée... Il exige des enfants une stricte obéissance. Me reste surtout en mémoire une claque monumentale reçue très jeune (quatre ans, cinq ans ?) parce que, échappant à sa surveillance, j'avais couru sur le chemin de terre devant la maison et failli me faire écraser par la voiture du voisin immédiat qui rentrait chez lui…

Et pourtant, disons jusqu'à mes six ou sept ans, le vieil homme me traite en général avec bonté. Son « grand » jardin, planté d'arbres fruitiers et clos de hauts murs me semble alors immense et paradisiaque, un enchantement dont j'éprouverai longtemps la nostalgie. Un jour il me fait planter un arbre, un pêcher, dont pendant des années je suivrai la croissance... Mais au fil des années, ça se gâte sérieusement. Et la santé du vieil homme décline rapidement. Je dors alors dans la chambre de mes grands-parents et je l'entends cracher longuement ses poumons tous les matins… Diminué par la maladie, il est de plus en plus aigri et devient irascible, hurle sur moi au moindre prétexte. Au point que dans les derniers temps sa santé mentale semble un peu flancher.

Mais à cette époque j'ai déjà une bonne dizaine d'années et j'ai d'autres distractions que le petit ou le grand jardin du grand-père : quand je ne joue pas dans la rue ou dans les prés, je passe de longues heures à bouquiner à la maison : c'est à cette époque que je découvre au grenier, dans une grande-armoire bibliothèque, des collections entières de journaux de la fin du dix-neuvième siècle et des rangées entières de vieux bouquins…

A Nogent, dès l'âge de onze ou douze ans, nous sommes aussi autorisés assez souvent, ma sœur et moi, à nous rendre seuls à ce qu'on appelle la « baignade » : il s'agit d'une installation très sommaire, au bord de l'Huisne, la rivière du coin, constituée d'un ou deux plongeoirs et de quelques cabines pour se changer… La baignade est distante d'un kilomètre environ et il y vient surtout des jeunes des milieux populaires. C'est parfois un peu sale, il est même arrivé qu'on y trouve un rat…

226

mais c'est quand même un endroit qu'on apprécie beaucoup, ma sœur et moi. C'est d'ailleurs dans cette eau, parfois un peu douteuse, et non sur les plages de Bretagne, que j'ai appris à nager ou plutôt à flotter (!) pour la première fois, sous la surveillance de mes parents, à l'âge de sept ans (je m'en souviens comme d'hier). Heureusement je me suis ensuite perfectionné pendant les séjours en Bretagne…

A la baignade de Nogent, on faisait parfois des rencontres incroyables : un jour nous parlons et jouons dans l'eau avec de grands adolescents originaires d'Afrique noire. On n'est pas peu fiers d'avoir côtoyé des êtres si étranges (des Noirs dans cette petite ville au début des années 50 !). On se sent presque transgressifs. A tel point qu'on ne peut pas se retenir d'évoquer l'événement en famille à l'heure du repas. Et là, surprise : ma mère et mes grands-parents font quelques recommandations et mises en garde mais n'en font pas toute une histoire. Nous continuerons même d'être autorisés à fréquenter la baignade. Nogent, décidément, c'est presque la liberté, le contraire de Paris !

C'est aussi à Nogent, dans cette ville qui est encore dans l'après-guerre un petit univers fermé sur lui-même, un véritable microcosme, que j'ai découvert et expérimenté ce que sont les classes sociales. Il y avait dans la rue de mes grands-parents une maison beaucoup plus grande que toutes les autres, et entourée d'un parc. Ses habitants étaient de vrais bourgeois, fauchés selon la rumeur mais apparentés aux « meilleures familles » de l'endroit. Ils nous traitaient avec une très grande amabilité et une politesse à la fois excessive et distante, qu'à tort ou à raison je trouvais humiliante, imprégnée d'une sorte de mépris social : je me souviens de la grand-mère de la famille demandant un jour à ma mère si ma sœur « ferait,

227

elle aussi, un apprentissage de couturière » et cachant très mal sa surprise en apprenant que Monique fréquentait déjà un lycée... comme une gosse de bourgeois, rendez vous compte ! Leurs enfants à eux ne jouaient pas dans la rue... Peut-être même, qui sait !, ces gens de bonne famille parlaient-ils à leur progéniture comme le faisait ma mère à Paris du « sirop de la rue » ... A croire qu'on est toujours le bourgeois, petit ou grand, de quelqu'un !.... Ces enfants ne fréquentaient pas non plus la « baignade », un endroit jugé sans doute socialement douteux. Il arrivait, bien sûr, que nous leur parlions tout de même. Et même que nous jouions un peu dans leur parc. Mais de façon plus ou moins subtile (souvent moins que plus) leurs parents nous faisaient sentir que ces incursions devaient rester limitées, qu'on était tolérés chez eux mais à petite dose...

Dans cette petite ville, d'ailleurs, tout le monde était « situé » socialement, rangé dans des cases bien définies. Et l'origine de mes grands-parents leur interdisait de faire partie du gratin local : ma grand-mère était la fille d'un maréchal-ferrant, un homme resté malgré une aisance financière durement acquise un « travailleur manuel ». Pour cette raison, elle n'avait pu, dans sa jeunesse, se rendre à je ne sais plus quelle réception « bourgeoise » dont les vulgaires « travailleurs manuels » et leurs familles étaient exclus : soixante ans après l'événement, elle le racontait encore sans amertume particulière (c'était comme ça, voilà tout !). Quant à mon grand-père, l'ancien sous-off d'un régiment de dragons, c'était le fils d'un petit marchand de vin, un commerçant dont les affaires avaient capoté, ce qui n'était guère mieux.

La maison où vivaient mes grands-parents maternels était une bâtisse convenable, mais sans chauffage moderne ni toilettes intérieures -une cabane au fond du jardin faisant l'affaire... Ma grand-mère avait hérité cette maison de son père, le maréchal-ferrant, en même temps que deux autres petites maisons mises en location, l'une à Nogent-le-Rotrou, rue du Château Saint-Jean, l'autre dans le petit village de Souancé d'où son père était originaire. Mon grand-père, tout fils de « failli », ou de soi-disant failli, qu'il fût, avait lui aussi recueilli un petit héritage à la mort de ses parents : la moitié d'une petite ferme (l'autre moitié revenant à sa sœur Charlotte) et quatre ou cinq petites maisons contiguës en piteux état, situées près de son « grand » jardin et mises également en location. Les faibles loyers de tous ces biens constituaient leurs seuls revenus : comptant sur leurs petites économies (placées en emprunt d'Etat et quasiment réduites à néant par l'inflation massive des années de guerre et d'après-guerre) et sur leurs héritages à venir (de très vieilles baraques qu'ils avaient beaucoup surestimées), ils n'avaient jamais mis un sou dans une caisse de retraite.

Avec leurs locataires dont plusieurs étaient de pauvres hères, et aussi avec leur petit fermier qui avait du mal à joindre les deux bouts et accumulait les retards de paiement, ils se comportaient selon les circonstances tantôt en amis (faussement) compréhensifs, tantôt en affreux rentiers, pestant et disant pis que pendre des mauvais payeurs. J'ai entendu plusieurs fois ma grand-mère reprendre à son compte une affirmation de je ne sais plus quel membre de sa famille qu'elle citait à chaque fois et selon lequel « le pire animal après le crapaud, c'[était] le paysan ». Je précise que son grand-père à elle, le père du maréchal-ferrant, était lui-même un fermier !... Elle citait souvent aussi avec conviction une maxime sacrée de sa mère, (pour elle un véritable mantra), selon laquelle « une femme qui lit dans son ménage est une femme perdue ». Et je me souviens de son indignation à propos d'un homme qui avait fait un enfant « de trop » à sa femme : « Je ne comprends pas des hommes comme ça », assenait-elle avec un dégoût proche de l'écœurement...

En fait, et malgré leurs « propriétés immobilières » ruiniformes, mes grands-parents maternels ne s'en sortaient que grâce aux produits de leurs jardins et à l'élevage de quelques poules et de quelques lapins. En été mon grand-père se baladait d'ailleurs presque toujours avec sa casquette et sa blouse de jardinier, travaillant le matin dans le petit jardin qui entourait sa maison et l'après-midi dans son « grand » jardin. Il arrivait qu'il donne « gratuitement » un coup de main à ses voisins, les « vrais bourgeois » dont j'ai déjà parlé. Eux remerciaient en faisant des « cadeaux » un peu exagérés grâce auxquels les distances sociales étaient à la fois niées et subtilement maintenues : le grand-père n'était pas un homme de peine mais pas non plus quelqu'un à recevoir dans son salon.

A Nogent ma mère elle-même n'avait pas plus de prétentions bourgeoises que ses parents : elle lavait souvent le linge familial dans une sorte de petit cagibi attenant à la maison mais quand il y en avait vraiment trop, elle chargeait le tout, linge et équipement, sur une brouette et partait, au vu et au su de tout le quartier, faire ou rincer sa lessive au bord d'une petite pièce d'eau courante, agenouillée longuement dans sa « caisse à laver », à cent ou deux cents mètres de la maison. Ces jours-là, mieux valait ne pas lui chauffer les oreilles...

...et ses dimanches !

A Nogent, le seul jour vraiment barbant pour les enfants, c'est le dimanche. Le matin, bien sûr, nous avons droit à la grand-messe. L'après-midi mes parents et grands-parents font le plus souvent des parties de belote dans le petit jardin de la maison. Vers cinq heures nous accompagnons mon père à la gare où il prend le train pour Paris. En attendant l'heure du train, ma sœur et moi, on traîne, on s'ennuie un peu parce qu'il n'est pas d'usage de jouer dans la rue le dimanche, surtout quand notre père est là.

Mais parfois (en fait assez souvent aussi !) il n'y a pas de partie de belote et, l'après-midi, nous avons droit à une « sortie ». Presque toujours la même... et pas vraiment de quoi s'éclater : pour commencer on se rend au cimetière familial de Nogent-le-Rotrou où est enterrée toute la famille de mon grand-père (celle du marchand de vin...). Ça fait pas moins de quatre tombes -groupées, Dieu merci, mais tout de même excusez du peu !

Ensuite, pour conclure cette journée de folie, on va rendre une petite visite à la « tante Charlotte », la sœur de mon grand-père. Lequel, d'ailleurs, ne nous accompagne pas car il est brouillé à mort avec sa frangine, Dieu sait pourquoi. A l'époque où nous lui rendons ces visites d'après-cimetière, la vieille dame est en train de terminer sa vie dans la petite maison familiale de ses parents. Une demeure qu'elle n'a pratiquement jamais quittée. Assez récemment je suis d'ailleurs tombé par hasard, (c'est vraiment le mot), sur une lettre signée de la mère de Charlotte (qui est aussi, soit dit en passant, mon arrière-grand-mère, morte en 1935 !) : « Je lègue ma maison de la rue des Tanneurs à ma fille Charlotte qui a soigné jusqu'à la fin avec tant de dévouement son père malade ». Je ne sais pas si ce texte a pu servir lors du règlement d'une succession mais c'est bien dans la vieille maison familiale que mourut soudainement Charlotte en 1953.

Conformément aux usages de la petite-bourgeoisie provinciale, elle n'avait jamais quitté ses parents ni travaillé à l'extérieur de la maison, restant dans l'attente d'un mariage qui n'avait jamais eu lieu. Arrivée dans son grand âge, elle ne disposait plus, semble-t-il, comme réconfort que du secours de la religion dont elle ne ratait pas un seul office (Heureusement l'une des trois églises de Nogent était au bout de sa rue...). Petite et maigre, toujours habillée de noir, le maintien raide, le visage osseux et sans grâce, la vieille femme nous recevait dans un petit salon meublé à l'ancienne. Les fenêtres donnaient sur un petit jardin au fond duquel on apercevait la rivière... et la cabane qui servait de W.C. dont les déjections allaient d'ailleurs directement à la rivière, ce qui à l'époque ne choquait personne ! Avant d'entrer chez la tante, ma mère multipliait les recommandations : ne pas parler ou se lever sans avoir demandé l'autorisation ; en cas de besoin demander très poliment la permission d'aller aux toilettes puis traverser le jardin sans quitter les allées. Attention de ne surtout pas marcher sur une fleur, de ne pas déplacer les petits cailloux des allées !...

Après sa mort, en 1953 (Dieu, dans sa grande miséricorde, la rappela assez vite...), mes parents découvrirent dans quelles conditions de pauvreté pour ne pas dire de dénuement vivait cette pauvre femme, figée ou fossilisée dans sa dignité. On apprit alors que faute d'un revenu suffisant elle ne s'alimentait que très chichement, ne se chauffait qu'en cas de très grand froid, ne s'était pas acheté le moindre habit depuis des décennies... Mon père qui, pourtant, n'avait guère d'atomes crochus avec cette petite bourgeoise, exprima alors un peu de mauvaise conscience : « Si on avait su... ». En fait il n'aurait pas été très difficile de « savoir »... Sans doute mon père avait-il pensé, lui qui pouvait être si dur, que dans sa famille à lui (si pauvre, si misérable même quelques décennies plus tôt...) on n'aurait pas laissé une femme âgée finir ses jours dans un tel dénuement et une telle solitude. Car il y avait sûrement bien plus de vraie solidarité familiale dans le milieu de prolétaires dont il était issu que chez les petits-bourgeois aux principes étriqués de ma famille du côté maternel.

Un an ou deux avant sa mort, la pauvre Charlotte était venue passer quelques jours chez nous, au 194. N'étant ni belle, ni riche, elle n'avait, avions-nous longtemps pensé, jamais connu le moindre soupirant, et encore moins l'amour. Mais ma mère reçut d'elle à cette occasion quelques confidences. A l'en croire, la vie sentimentale de la vieille dame confite en dévotion n'avait pas été tout-à-fait le désert absolu qu'on croyait : elle avait beaucoup aimé, confia-t-elle à sa nièce (ma mère), un homme qui était prêt à l'épouser. Mais ses parents avaient refusé ce qu'ils considéraient comme une mésalliance. Et pour ne pas rompre avec le milieu familial, par peur du scandale, elle avait renoncé... Après tout il y avait peut-être dans cette humble existence la matière d'un grand roman... N'étant pas Balzac, je suis heureux d'avoir pu au moins, certes modestement et en supposant que ces lignes soient lues un jour, sinon la tirer vraiment du néant, au moins rendre à la pauvre Charlotte un hommage qui lui était dû.

La Bretagne…

Invariablement, mon père prend chaque année un mois de vacances du 1ᵉʳ au 31 août, soit environ quatre semaines et demie. Ce qui peut sembler beaucoup mais à l'époque il travaille six jours par semaine, neuf à dix heures par jour et sur le reste de l'année il ne prend pas un seul jour de congé… Début août, nous quittons donc Nogent (où mon père nous a rejoint) et nous prenons le train pour la Bretagne (mon père n'achètera une voiture, une 403 Peugeot, que beaucoup plus tard, en 1959).

Le voyage en train pour la Bretagne est un des grands moments de l'année. Ma mère prépare une vieille malle au couvercle bombé dans laquelle elle dispose des draps et une partie des vêtements. Une ou deux valises, un ou deux sacs viennent en complément. La veille ou l'avant-veille du départ on met la malle et une partie des bagages « lourds » sur une brouette qu'on roule jusqu'à la gare distante d'environ un ou deux kilomètres. Malle et valises sont confiées au service des « bagages accompagnés » de la SNCF et on les récupèrera en Bretagne à la gare d'arrivée. Le lendemain, tard dans la soirée, nous prenons un train qui nous conduit au Mans où, après une longue attente, nous montons enfin dans un « express » pour la Bretagne... On arrive à destination le lendemain à l'aube, un peu crevés bien sûr après une nuit entière passée assis sur des banquettes inconfortables (les wagons-lits sont un luxe impensable) mais quand même presque euphoriques puisqu'on est enfin, et pour un mois entier, « au bord de la mer » !

Nous nous installons alors dans une « location », c'est-à-dire dans deux pièces louées chez « l'habitant ». En principe on change de lieu de vacances presque chaque année mais nous irons tout de même trois années à Quiberon, plus précisément dans le petit hameau rural de Kermorvan (noyé aujourd'hui au milieu d'une déprimante banlieue pavillonnaire !). Pourquoi Kermorvan ? Parce que le frère cadet de mon père s'est retiré là à moins de cinquante ans et y habite une petite maison héritée par sa femme. Nous irons aussi deux fois à Douarnenez (ou Tréboul-Douarnenez), la ville de naissance de mon père. « L'habitant » chez lequel nous logeons, c'est souvent une famille de pêcheurs qui, pour compléter des revenus d'ailleurs confortables (la pêche est dans ces années d'après-guerre une activité florissante) s'entasse pendant un ou deux mois en été dans une partie réduite de la maison, parfois même dans le sous-sol. En Bretagne, mon père soigne sa nostalgie du pays de son enfance. Il est toujours à l'affût d'une occasion d'aller participer à une pêche ou une sortie en mer et il y réussit de temps en temps.

L'habitude des vacances d'été au bord de la mer s'est prise très tôt : un médecin avait assuré à mes parents que « l'iode » aurait des effets très positifs pour les problèmes de hanche de Monique. Et l'iode, c'est bien connu, l'Atlantique en regorge… surtout en Bretagne… Dès 1946, alors qu'on sort à peine de la guerre et que très peu de parisiens s'offrent le luxe de partir en vacances, nous ferons là-bas un premier séjour près d'un petit village du bord de mer que je serais incapable de situer sur une carte mais qui s'appelle Port Blanc. Cette année-là, ma mère partira même avec Monique et moi dès le début de l'été (pour l'iode, bien sûr !), précédant mon père qui nous rejoindra un ou deux mois plus tard. Nous sommes logés dans une toute petite maison rurale dotée d'un confort minimal, à côté d'une bergerie où d'ailleurs ne réside qu'une petite chèvre avec laquelle je suis plusieurs fois menacé d'être enfermé (J'ai quatre ans et je suis, semble-t-il, dans mon âge terrible). Tous les jours ma mère ramène une lourde bassine d'eau de mer dans laquelle la petite Monique est longuement baignée. Ces bains ne sont rien de moins que le véritable but du séjour. Lequel a aussi d'autres bons côtés pour ma mère : des années plus tard, elle évoquera encore avec nostalgie cette période bénie de quelques semaines où elle a vécu dans la tranquillité avec ma sœur et moi, loin des criailleries et des disputes avec ses deux beaux-enfants et son mari... Ce ne fut, hélas pour elle, qu'un court répit.

Mais dès lors le pli était pris : chaque année, ou presque, nous irions passer le mois d'août sur les côtes bretonnes... Ni Solange, ni Pierrot ne nous accompagnent : quand ils partent en été, c'est pour aller chez leurs grands-parents maternels, en Bretagne intérieure. Au bord de la mer, ma sœur et moi nous jouissons, comme à Nogent, d'une grande liberté. Je me souviens d'équipées sans doute un peu risquées dans les rochers le long des côtes avec des gamins de mon âge. Pour nous, le bord de mer n'était pas qu'une bête accumulation de sable sur laquelle on pouvait s'affaler ou jouer à la balle. Dans les rochers, nous redécouvrions chaque année tout un monde de formes et de couleurs qui se découvrait avec les marées : crevettes, petits crabes, étoiles de mer...

A chaque séjour nous faisions une grande excursion d'une journée en car : nous avons ainsi découvert la Pointe du Raz, Sainte Anne d'Auray, les alignements de Carnac... Les grands sites aujourd'hui protégés et clôturés étaient alors totalement libres d'accès. A Carnac, je suis, comme à l'époque la plupart des gamins, monté avec l'aide de mes parents sur un menhir ayant vaguement la forme d'un cheval : un « exploit » attesté par une photo soigneusement collée par ma mère sur un album... Je me souviens aussi qu'à la descente du car nous avions été accueillis par un groupe d'enfants chantant en breton pour recueillir quelques piécettes…

Kermorvan… et l'alcool

De tous ces séjours, ceux dont je me souviens le mieux, probablement parce qu'il y en eut trois, sont ceux passés à Kermorvan. Dans ce qui était alors un hameau près de Quiberon, nous avons logé à des endroits différents mais toujours très près de la petite maison où habitait avec sa famille mon oncle Charles, dit Charlot, le frère de mon père. Le matin, alors que Monique et moi, nous avions tout au plus une dizaine d'années, nous allions souvent seuls à la plage. On empruntait un chemin qui passait le long des champs de blé entourés de petits murets de pierres sèches. Pendant ce temps, mon père faisait quelquefois de grandes parties de pêche à pied avec son frère qui connaissait tous les bons coins. L'après-midi, c'était en général plage pour toute la famille. Ma mère, beaucoup plus détendue que le reste de l'année, nous surveillait de loin en bavardant avec d'autres touristes.

Ma tante, Marie-Thérèse, la femme de l'oncle Charles, était une fille du pays. Elle ne venait presque jamais à la plage avec nous, craignant de paraître ridicule en « jouant les touristes »… Elle avait hérité de ses parents la petite maison où le couple vivait avec ses quatre enfants (leurs trois filles et un garçon un peu plus âgé que moi et que ma tante avait eu d'une autre union) et le frère de Marie-Thérèse, Jean, un simple d'esprit. Cette maison où ils vivaient un peu les uns sur les autres n'avait ni WC ni eau courante. Tous les jours Jean partait avec deux grands brocs pour aller chercher de l'eau à une fontaine munie d'une pompe et distante de quelques centaines de mètres. Tout le monde, au hameau, le connaissait et le surveillait. Au cours d'un de nos séjours, il fut sévèrement réprimandé, au moins une fois, par sa sœur Marie-Thérèse pour avoir rempli ses deux brocs à une fontaine beaucoup plus proche de leur maison mais où l'eau, disait-on, était de mauvaise qualité. Le « forfait » du pauvre Jean avait été immédiatement rapporté à sa sœur par un voisin…

Lorsque je suis retourné à Kermorvan, un demi-siècle plus tard, la petite maison, située à la lisière du vieux hameau, était toujours là, donnant sur la même petite place où rien n'avait changé. Mais la pauvre masure était devenue une pimpante et riante petite « villa ». Quant au hameau tout son arrière-pays, jusqu'aux plages les plus proches, était occupé non plus par des champs de céréales mais par des lotissements de maisons individuelles. Un étroit sentier permettait encore d'aller directement de la petite place jusqu'au bord de mer, en traversant les lotissements, mais son tracé en zigzags, bien différent de celui du chemin de campagne d'autrefois dont n'était restée aucune trace, me donna une bizarre impression d'absurdité.

L'oncle Charles, le frère de mon père, était un personnage haut en couleur qui, dans sa jeunesse, avait lui aussi passé plusieurs années dans la Marine grâce à quoi il avait disait-on « fait le tour du monde » … mais c'était aussi dans la Marine que, toujours selon le récit familial, il avait attrapé le vice de la boisson. Il avait eu en tout six enfants (si je compte bien) de trois ou quatre compagnes différentes et, après une petite vingtaine d'années passées à la RATP, il avait pris une retraite anticipée… au grand soulagement de mon père qui avait dû intervenir plusieurs fois pour éviter le licenciement pur et simple de cet alcoolique notoire. Grâce à une toute petite retraite et aux allocations familiales, il vivait chichement avec sa dernière compagne et leurs enfants, améliorant un peu l'ordinaire en allant pêcher de temps en temps. Ma tante appréciait, paraît-il, notre présence en été parce que l'oncle Charles était presque sobre lorsque son frère Louis (mon père) était dans les parages... Le reste de l'année, elle-même, ou quelquefois l'aîné des enfants, son fils Jean-Claude, devait souvent aller récupérer le chef de famille, tard le soir, dans un bistrot des environs...

Plutôt malingre et timide, traité sans ménagement par un beau-père alcoolique, Jean-Claude a, à cette époque, malgré le soutien de sa mère, l'énergique Marie-Thérèse, toutes les caractéristiques de « la » victime d'une société mal faite. C'est presque l'incarnation masculine de Cendrillon ou de Cosette... Et moi, moi qui suis alors plutôt timide et complexé, inexcusablement je me conduis alors mal, très mal, vis-à-vis du pauvre garçon, un peu plus jeune que moi, et dans lequel peut-être (comment éviter ces « peut-être » qui font mal à un demi-siècle de distance !), dans lequel, donc, je vois peut-être un reflet, une réplique de moi-même que je ne supporte pas ou très mal... Je suppose que je prends ainsi une revanche stupide sur le mauvais sort qui m'afflige moi-même (ma propre timidité, plus généralement mon mal-être...), saisissant lâchement une opportunité d'être pour une fois un « dominant » capable de blesser, de faire mal.

Pour aller jusqu'au bout de cette confession, je crois bien qu'à l'époque je me suis interrogé moi-même sur les raisons de ma propre méchanceté et la satisfaction (ou non ?) que j'en tirais... C'est dire si j'étais conscient de ce que je faisais. Certes je ne l'ai pas brutalisé physiquement, ce pauvre garçon, de cela je suis à peu près sûr, mais je l'ai très souvent gratifié de quelques méchancetés verbales et aussi probablement humilié à plusieurs reprises en l'écartant de jeux ou d'amusements quelconques. C'est à juste titre que sa mère se plaignit un jour à la mienne de mon attitude absurde...

Une vingtaine d'années plus tard, à l'occasion d'une fête de famille, le même Jean-Claude, devenu un homme dans la force de l'âge et d'aspect sympathique (et que je reconnus dans la seconde), vint me saluer et nous bavardâmes quelques minutes. Il était, me dit-il, chef de chantier dans le bâtiment, ce qui, vu son enfance difficile et l'extrême modestie de ses origines, était sans aucun doute une belle réussite. Nous évoquâmes en quelques mots sans aucune gêne (au moins apparente), et sans la moindre allusion à mes petites méchancetés, les vacances d'autrefois en Bretagne. Il s'exprimait avec aisance et sans acrimonie à propos du passé. Et je me souviens de la petite phrase, dépourvue de la moindre rancœur, qu'il prononça, comme une preuve de sa sérénité et de sa sagesse, à propos de mon oncle Charles, son beau-père, mort déjà depuis longtemps : « Un homme qui avait tout pour être heureux et qui a tout gâché à cause de l'alcool !... »

De fait dans ma famille paternelle et d'origine bretonne, l'alcool était alors un véritable fléau auquel je crois avoir déjà fait allusion. Un fléau si courant qu'énumérant les qualités d'une nouvelle connaissance masculine, par exemple le nouveau fiancé d'une de ses nombreuses nièces, mon père commençait presque rituellement sa courte description par la même petite phrase : «il ne boit pas »... Un critère essentiel séparant l'humanité en deux catégories bien distinctes, les alcooliques et les autres... Mon père lui-même, je crois l'avoir dit, ne buvait de vin qu'aux repas et seulement, (comme cela se faisait alors couramment), de l'eau rougie (deux doigts de vin dans un verre d'eau). Il fut aussi le seul des quatre hommes de sa génération qui dépassa l'âge de soixante ans : très largement, d'ailleurs, puisqu'il mourut à près de quatre-vingt-douze ans. Quant aux épouses, celles de notre famille faisaient souvent preuve d'une curieuse indulgence, se résignant à ce fléau qui pourtant pourrissait leur vie et celle de leurs enfants, qui pompait le peu d'argent dont disposait la famille et transformait leurs conjoints ou leurs compagnons en demi-fous parfois violents. Il faut dire qu'elles n'avaient guère le choix : non seulement le divorce risquait de les plonger dans la misère, elles et leurs enfants, mais la société de l'époque les aurait condamnées. Les femmes devaient accepter éventuellement de « porter leur croix »... La révolution féministe était encore bien loin !

La réputation d'alcoolisme attachée aux bretons de l'époque n'était sans doute, hélas, pas entièrement imméritée. A Douarnenez la ville de naissance de mon père, ou plus précisément à Tréboul-Douarnenez, je me souviens d'avoir assisté au début des années 1950 à un curieux concours. Dans une fête organisée près du petit port de pêche, une des épreuves consistait à boire en un temps déterminé le plus de vin rouge possible. De nombreux spectateurs faisaient cercle autour d'une table chargée d'une impressionnante quantité de bouteilles. Les meilleurs candidats, encouragés par le public, arrivaient à boire, au goulot bien sûr, plusieurs bouteilles... avant d'aller parfois, en titubant, les uns après les autres, vomir à quelques mètres de l'endroit du « concours » au milieu des rires...

Douarnenez

J'ai conservé, Dieu merci, des souvenirs beaucoup plus agréables de la ville de naissance de mon père...

Une grande partie de la famille, qui était originaire de Plouhinec, s'était installée à Douarnenez pour profiter de la forte activité du port de pêche. A l'occasion d'un de nos séjours, nous rendîmes visite à quelques cousines ou cousins avec lesquels mon père avait conservé des contacts. Avec fierté l'un d'eux, qu'il nous présenta comme un ami de jeunesse, nous fit visiter son bateau, un thonier sur lequel il partait, accompagné de quelques hommes, pêcher pendant deux ou trois mois au large du Maroc. Je fus surtout impressionné par la quantité de cages dans lesquelles étaient entassés des poules et des lapins destinés bien sûr à la consommation de viande fraîche... Quelques mois plus tard ce même cousin vint passer quelques jours chez nous à Paris. Nous lui fîmes découvrir la ville et ce fier patron-pêcheur qui nous avait tant impressionnés, nous les enfants, avec sa belle maison et surtout son beau bateau, nous surprit alors et nous amusa par sa naïveté et sa gaucherie. Je me souviens qu'au cinéma il fut très embarrassé lorsqu'à l'entracte mon père, grand seigneur à ses heures, nous offrit à tous ces glaces à bâtonnets qu'on appelle des esquimaux : après avoir un peu hésité devant cette bizarre friandise, le cousin croqua à belles dents dans la glace puis fit une grimace épouvantable... Longtemps après nous en riions encore, ma sœur et moi. On s'amuse de peu quand on a onze ou douze ans...

A Douarnenez, j'eus aussi, grâce au pêcheur chez qui nous logions, le droit d'embarquer, avec deux autres gamins, des fils de marins, pour une longue journée de pêche à la sardine. Départ à deux ou trois heures du matin ; puis deux ou trois heures de navigation pendant lesquelles nous sommes allongés, à l'intérieur de la cale, sur des couchettes malcommodes avec autour de nous des marins qui feuillètent leur journal en discutant et en blaguant dans une langue totalement incompréhensible pour moi : le breton, qui est encore au début des années 50 la langue usuelle dans les milieux de la pêche... A l'aube les deux autres enfants et moi, nous sommes enfin autorisés à monter sur le pont pour assister au travail qui commence : le filet est jeté à partir d'un canot sur lequel sont montés plusieurs marins puis il est remonté sur le bateau. Lequel repart aussitôt et s'arrête un peu plus loin pour recommencer la même manœuvre... dont bien sûr le détail m'échappe aujourd'hui. On ramène finalement une quantité impressionnante de sardines.... Le retour est difficile parce qu'on navigue à vue et qu'il y a un peu de brume. Deux ou trois hommes se mettent à l'avant et, scrutant l'horizon, crient des conseils au patron qui, de sa petite cabine, pilote le bateau. De temps en temps, l'un des marins monte sur le bastingage et s'accrochant d'un bras à une sorte de mât incliné qui semble là pour ça, se soulage tranquillement, les fesses au-dessus de l'eau... Vers quatre ou cinq heures de l'après-midi, retour au port avec l'impression d'avoir vécu une grande aventure... bien qu'en fait nous ne soyons pas sortis de la baie de Douarnenez !

Lourdes...

L'été de mes onze ans, celui qui suivit ma communion solennelle et précéda mon entrée en sixième au lycée, nous n'allâmes pas en Bretagne mais à Lourdes où pour la première fois de ma vie je logeai dans un hôtel.

Aller à Lourdes, c'était une obligation à laquelle il n'était pas question de se dérober : quelques années plus tôt, ma mère avait promis à la Vierge que nous irions prier à Sa grotte et La remercier si les problèmes de hanche de ma sœur s'arrangeaient. La pauvre Monique n'était pas vraiment guérie mais le pire avait tout de même été évité puisqu'elle pouvait marcher...

Va donc pour Lourdes, ses fatras de bondieuseries débordant des éventaires, ses messes le long du fleuve devant la grotte aux parois tapissées de béquilles (très impressionnantes, ces béquilles !), ses pèlerinages de nuit en longues colonnes chantantes et constellées de bougies... C'est d'ailleurs en pleine nuit qu'on était arrivés après une longue journée de train et moi je m'étais fait remarquer le lendemain matin, en sortant de l'hôtel, par les cris d'admiration que j'avais poussés en voyant une montagne pour la première fois. A onze ans, je ne connaissais pas encore d'autres sommets que ceux des collines du Perche ! Les parents m'avaient fait taire gentiment parce qu'ils ne voulaient pas passer pour des bouseux...

Pendant une semaine on a donc joué le jeu à fond dans le domaine processions, cantiques, bénédictions, messes et génuflexions mais on a tout de même consacré une longue journée à une grande excursion de « découverte » des Pyrénées. Le voyage en car a été éprouvant : il faut essayer d'imaginer ce qu'étaient les cars « touristiques » et les petites routes pyrénéennes au début des années 1950... Il a fallu faire arrêter le car plusieurs fois parce que ma mère était malade et ma sœur n'allait pas beaucoup mieux. On a tout de même pu admirer au passage le cirque de Gavarnie et le lac de Gaube. Au cirque de Gavarnie, ma sœur et moi on a fait une balade à dos d'âne. Et au Lac de Gaube, suivant les indications du guide, en bons touristes disciplinés on s'est installés au bord de l'eau à l'endroit idéal pour se faire photographier... Un cliché très apprêté... mais de tous ceux que j'ai retrouvés, c'est le seul de cette époque où l'on nous reconnaît bien tous les quatre, mes parents, ma sœur et moi...

et les carrioles de Nogent !

Après Lourdes où nous n'étions restés qu'une semaine, il y eut encore une longue période de vacances à Nogent-le-Rotrou. Avec sans doute, à la fin, une petite dose de regret et d'ennui : au total nous avions passé cette année-là presque trois mois au lieu de deux dans la bonne petite ville de Nogent et la Bretagne nous avait manqué...

Ce fut pourtant cet été-là, pendant ce séjour prolongé dans le Perche, que j'eus, exceptionnellement, le droit d'accompagner mon père dans l'une des quelques tournées en carriole qu'il fit avec un voisin qu'on appelait le père Launay : un vieil homme à l'œil rusé, qui avait lui-même une petite exploitation agricole (où d'ailleurs nous achetions le lait tous les soirs, juste après la traite), mais qui allait aussi, fréquemment, de ferme en ferme, avec sa carriole, choisir et négocier l'achat de bétail pour plusieurs bouchers de Nogent-le-Rotrou. Bref un petit paysan mais du genre madré et qui se faisait certainement beaucoup plus d'argent dans son rôle d'« intermédiaire » qu'avec ses quelques vaches laitières... Mon père avait sympathisé avec lui et appréciait beaucoup ces balades gratuites en voiture à cheval, au petit trot, à travers la campagne, tranquillement installé à l'air libre à côté du père Launay, et discutant de tout et de n'importe quoi... En 1953, se déplacer de cette façon était déjà devenu une rareté mais n'avait encore rien d'absolument extraordinaire ni de folklorique : des petits fermiers des environs, sans doute les plus modestes et les plus âgés, utilisaient encore, eux aussi, leur carriole pour venir en ville (c'est-à-dire à Nogent) au marché hebdomadaire du samedi matin : un marché où était d'ailleurs tolérée et même organisée et largement pratiquée la vente directe aux particuliers, par les paysans, de produits tels que beurre, œufs, fromages... et surtout volailles et lapins vivants. C'est ce qu'on appelait curieusement, je ne sais pourquoi, le « marché au profit » qui se tenait à côté de celui des commerçants professionnels, sur la grande place en contrebas de la mairie. C'étaient surtout les femmes qui, sagement alignées, assises ou parfois debout derrière leurs grands paniers ou leurs petits cageots, attendaient le chaland. La plupart des hommes, eux, en profitaient pour se retrouver dans les deux ou trois grands cafés qui bordaient la place...

Pour en revenir à la tournée que nous fîmes, mon père et moi, dans la carriole du père Launay, je ne me souviens, très vaguement d'ailleurs, que d'une des fermes où nous sommes passés ce jour-là. Tandis que nous discutions avec le fermier et sa femme, plusieurs enfants (trois ou quatre peut-être...) traînaient dans la cour à côté de nous et à l'évidence quelque chose ne tournait pas rond chez eux. Impossible de ne pas le remarquer et, au moins en ce qui me concerne, de n'en pas ressentir un malaise. Sur le chemin du retour, le père Launay nous donna, froidement je dois dire, son explication : « Trois enfants débiles dans la même famille... Voilà ce qui arrive quand les parents sont alcooliques ! »

Mais je l'ai dit : en 1953 les carrioles comme celle du père Launay n'étaient déjà plus qu'une survivance. Quelques années plus tard, les voitures à moteur les avaient définitivement remplacées. Entretemps le père Launay, lui aussi, avait disparu, tout aussi discrètement et définitivement, d'ailleurs, que les voitures à cheval. Et les quelques prairies à vaches qu'il possédait tout près du centre-ville, sans doute cédées par ses héritiers, avaient été en grande partie recouvertes de macadam pour servir de parking à un grand supermarché et à un nouvel espace commercial...

Mieux vaut souvent ne pas retourner sur les lieux de son enfance...

20

Une histoire sans fin...

Au retour à Paris, au mois d'octobre 1953, un changement majeur m'attendait : c'en était fini de la « communale » de la rue Bignon où j'avais passé cinq années ; j'entrais en sixième au lycée Charlemagne… En travaillant d'arrache-pied mais dans une sorte d'euphorie et avec le sentiment de découvrir un nouvel univers, j'allais y devenir, mais seulement pendant un ou deux ans, un brillant élève, raflant quasiment tous les premiers prix en fin d'année (sauf bien sûr celui des mathématiques… mais ai-je besoin de le préciser !).

Je ne suis pas sûr néanmoins que cette entrée au lycée, à onze ans, constitua un événement majeur dans mon existence. Pas sûr non plus que mon enfance s'arrêta là (soit dit en passant, je n'ai guère montré de signes de précocité ni avant ni après cette découverte à onze ans de la culture bourgeoise !...). J'ai d'ailleurs dans ce texte évoqué des « souvenirs d'enfance » postérieurs à mon entrée au lycée, laquelle est surtout pour moi un repère commode pour situer et dater des souvenirs éparpillés dans ma mémoire d'aujourd'hui…

De toute façon, je me sens incapable de découper ma vie en tranches bien délimitées. Normal sans doute puisque chacun sait bien qu'en nous l'enfant ne meurt pas vraiment, que le prétendu adulte n'en est qu'un prolongement presque toujours décevant...

Une remarque sur le premier âge de la vie que, comme beaucoup d'autres, s'agissant de ma génération, je suis obligé de relativiser : né en 1942, je ne peux parler bien sûr que pour ceux qui comme moi ont eu, comme disait souvent mon père, « de la chance ». Je veux dire pour ceux qui ont échappé à toutes les horreurs de cette période.

Pour les autres, qui furent si nombreux, toutes les belles paroles sur l'enfance et ce qui la suit ne peuvent paraître que dérisoires, presqu'indécentes... Car, j'en suis conscient : pour un petit européen vivre dans les années 40 ce qu'on appelle une enfance, et même survivre, pouvait apparaître comme un énorme privilège, une chance insigne...

Au moment d'en finir, au moins provisoirement, avec ces quelques bribes de ma petite histoire, comment ne pas avoir en effet une pensée pour les millions d'enfants qui, dans ces temps d'assassinats, de massacres à l'échelle industrielle, n'ont parfois connu dans leur courte existence qu'horreurs et abominations !...

Cela dit, s'agissant d'un récit consacré à la première période de ma vie, je pense, respectant les conventions, qu'il est temps d'arrêter le robinet des souvenirs. La suite je la raconterai peut-être une autre fois si j'en ai le temps et l'envie...

Ecrit en 2017-2018

Lulu Press Inc.
Morrisville, North Carolina
(Etats-Unis)
Dépôt légal : août 2018
ISBN : 979-10-94178-12-6
Impression à la demande : « www.lulu.com »
Prix (août 2018) : 11 euros

www.ingramcontent.com/pod-product-compliance
Lightning Source LLC
Chambersburg PA
CBHW070346090426
42733CB00009B/1305